現代語訳

無門関

禅問答四十八章

角川文庫
23786

まえがき

あるところに、年とったドロボウがいました。もうやがてこの世にもおさらばという年ですから、ながいあいだ苦心して身につけたドロボウの技術を、せめてセガレに教えておきたいと思い、ある晩のこと、ふたりでりっぱなお屋しきに忍びこんだのです。

そこには大きな長持ちがありました。ドロボウのおやじさんは、むすこをその長持ちのなかにはいらせて、そとからジョウをおろすと、なにを思ったのか、「ドロボウ、ドロボウ」と大声でどなりながら逃げだしたのです。家じゅうの人が起きてきました。さあ、弱ったのは長持ちのなかに閉じこめられたむすこです。なんとかしてそとに出たいと、いろいろ考えたすえ、ネズミのまねをして、長持ちをガリガリとかじりはじめました。その音をきくと、女中が長持ちのフタをあけて、なかをのぞきこんだのです。

むすこのドロボウは、そのすきに、パッと飛びだして逃げだしました。逃げる途中に井戸がありましたので、大きな石をひとつ、ドボーンと、ほうりこむと、そのまま暗やみのなかを逃げて帰りました。お屋しきの人たちは、ドロボウが井戸に飛びこんだとばかり思って、もう追っかけてきません。

さて、ドロボウのむすこは、ほうほうのていで家にたどりつくと、先に帰っていたおやじさんに恨みごとをいいました――「おとっつぁん、ひでえじゃねえか。すんでのことに捕まるところだったぜ」。すると、おやじはニヤニヤしながら、こういいました――「おめえも、自分の算段で逃げてけえれたところを見ると、どうやらドロボウのあとつぎになれそうだな」。

――これは、中国の宋の時代の坊さんで、法演という人の語り伝えたおはなしですが、このことが禅宗というものの精神をしめしているといわれています。つまり、禅というものは、紙の上の知識や論理でわかるものではなくて、自分の体験によって悟るほかないというのです。

人間のことばでもってリクツをこねまわしたところで、事の真相はわからないし、そのわからない状態が原因になって、さらに別のわからない状態を生むことにもなるのだから、いっそ黙っていて悟ったほうがよいというのです。知識というものは、事の真相がわかってから値うちの出るもので、知識そのものには値うちがないというのです。

「なにをまわりくどいことをいってるんだ、このいそがしい世のなかに……」と、イライラされるかたがいるかもしれません。それでは、もっと身近なことを考えてみましょう。世間では「デフレだ」「金づまりだ」といって、お金をかき集めるのに血まなこですが、いくら千円サツをふところに入れてみたところで、おサツがカイロのかわりにはなりませんし、酒のさかなにおサツをシャブってみても、おいしいはずはありません。つまり、お金にせよ学問にせよ、それがナマ身の人間から離れて宙に浮いていたのでは、いっこうに値うちがないわけです。

そんなわけで、禅宗の人たちは、禅をただの知識として説明することをケイベッするようです。たとえば毎朝のオミオツケをつくるのに、お料理の先生が寒暖計をつっこんで、説明してみせたところでしかたがありません。それより自分の舌さきでなめてみたら、熱いかぬるいかがわかるだろうというのです。

まことにごもっとものようですが、現代の人たちはなにごとにも頭を使って考え、ものごとを合理的にするクセがついていますから、いくら信仰の問題だからといって、全然なんにもなしに解決せよといわれたのでは、とまどってしまいます。

昔の人もそう思ったのでしょう——いまから八百年ちかくまえの、西暦一二二八年に、中国の温州というところにいた、当時四十六歳の坊さんで慧開（えかい）という人が、『無（む）

門関』という書物をこしらえました。それは四十八の短いおはなしを集めた本ですが、禅の精神を知るのに便利だというので、日本でも昔から広く読まれております。

ところがこの本は、八百年ちかくもまえの中国の俗語で書いてありますから、ふつうの日本人の漢文の知識ではなかなか読みづらいものです。禅宗の坊さん仲間では、ところどころ中国の発音までも取り入れていますが、そうなるとお医者さんたちのドイツ語まじりの会話のようで、なんのことやらさっぱりわかりません。

そこでわたしは、この本を現代語に訳してみました。そうやってみますと、わたしどものような、いわゆる「下根」の者にも、意味がわかりやすいように思います。日本人はこれまで漢文朗読の方法、つまり『十八史略』や『日本外史』を読むようなやりかたで禅の書物を読んできましたが、そのためにずいぶん無理なところや意味のとれないところがあります。

もともと中国の口語体（俗語とか「白話」というもの）は文語体（漢文）とは別のしくみになっています。字はおなじであっても、単語として、あるいは文章として、たいへんちがった意味のことが多いのです。たとえばラテン語と英語が、どちらもローマ字で書いてありながら意味がたいへんちがっているようなものです。

ふつうの人でも植物学などを研究すると、ラテン語の「学名」を使うことをおぼえます。昔の人が漢文や唐詩のまねをしたようなものです。その反対に、えらい学者がふつうの人にわからせたいと思うときには、民衆の俗語を取り入れて書きました。孔子・孟子の流れをくむ朱熹とか王陽明という人たちは、俗語のまじった書物を残しています。『近思録』とか『伝習録』などがそれで、これらは「儒教の語録」とよばれるものです。儒教の語録は漢文の先生がたにも難物あつかいをされてきました。

語録は儒教ばかりでなく、仏教の方面にもたくさんあります。ことに宋の時代には有名な語録がいろいろできました。『碧巌録』とか『無門関』『従容録』などがそれです。これらは禅宗の坊さんが、自分たちの教えを初心の人に伝えたいと思って、わかりやすいことばで書いたものです。

中国でわかりやすいことばというのは、民衆の話しことばを土台にした口語体（白話）であります。「そなた」「それがし」でなくて、「あんた」「わし」といった調子の文章です。

しかし、ひとくちに口語体といっても、それは長いあいだに発達してきたものですから、宋の時代と現代では相当の開きがあります。ことばそのものも現代とは多少ちがっていましたが、文章を書くときの心がまえにもちがいがありました。

昔の人は、たとえ俗語を使って大衆的に書くときでも、やはり文語体めいた、調子の高い文章にするくせがありました。いくら俗語がよいからといって、ダラダラとした文章では人の胸を打ちません。

そこで、ある程度ひきしめることが必要です。ひきしめるためには、頭から文語体を使うこともありました。そんなわけで、語録というものは、じつは文語体と口語体の混合した文体になっているのです。

だんだんさかのぼって調べてみますと、文語体と口語体をまぜて書いたものは、すでに唐の時代からあることがわかりました。甘粛省の敦煌というところで、唐時代の写本がたくさん発見されたのですが、そのなかに「変文」という、かわった文体の書きものがあります。変文は、そのころの坊さんが民衆にむかって、地獄・極楽のことや人間世界の変化のすがたを説明した講釈の台本だったのです。その形式は、おはなしと歌をチャンポンにしたもので、のちの時代の文学作品とも共通の点があります。

宋の時代になると、「話本」といって、講釈師のタネ本がたくさんできました。その文体や用語は、おどろくほど話しことばに近いのです。また、詩や歌の方面でも、唐以来の詩のほかに「詞」といって、口語体を自由に取り入れたものが流行していました。

だから宋時代の坊さんは、唐ごろの「変文」のやりかたや、おなじ時代の「話本」

や「詞」を参考にすることもできたはずです。もともと簡素をたっとぶ禅宗の坊さんですから、短くてちからづよい文章のなかに、親しみのある通俗性と、象徴的な文芸性を織りこむことに成功したのでしょう。

その意味で、禅の語録は中国文学の方面でもおもしろい研究材料です。中国語学の材料として重要なことはいうまでもありません。中国人にとっては、「眼前の景致、口頭の語」で、目で見たことを口でいったにすぎないものが、語学知識のない日本人の漢文訓読では、まわりまわってエタイのしれない文句になってしまうことがあります。いや、中国人にとっても、八百年もまえの、ある地方の方言は、そうたやすいものではありません。現在までのところ、まだ辞書らしい辞書も出ていないのです。

わたしは終戦後まもなく、旧制東京大学の二、三年生の人たちに『無門関』と『碧巖録』を講義したことがあります。中国語上級生の教材の一種として使ったのでしたが、すでに相当語学をやってきた人たちも、この種の書きものの表現の微妙さには、おどろきの色を見せていました。

そのころの学生であった金岡秀友さんと照光さんの兄弟は、のちにわたしの訳した『無門関』を整理して語彙の索引をつくってくださったし、インド学関係の宮本正尊先生、辻直四郎先生、中村元先生は、わたしの研究や授業に便宜をはかってくださいました。

わたしはそれにはげまされて、文部省の援助による「仏教語録の語学的研究」をつづけることができました。ここに単行本として出版することになった『無門関』の現代語訳は、そのときの資料の一部分で、数年前（昭和二六・六―一一〈刊行当時〉）雑誌「大法輪」に連載したものに手を入れ、原文（あらたに校訂）ならびに漢文朗読調の書きくだし文（昔のまま）を加えたものです。

昭和二十九年の暮れにＮＨＫから「無門の関」という五日連続の放送をしたことがあります。「人生読本」という時間でしたが、わたしは宗教家ではありませんから、「講話」や「提唱」のかたちでなく、ただ『無門関』の各章を評論的にひととおり述べただけでした。それでも、聴取者からの手紙などによって、この種の古典的書物が日本の民衆の心に深く根をおろしていることを知ったのです。

心に根をおろすからには、生活のなかにそれを受け入れるものがあるにちがいありません。さきに『菜根談』を訳したときにも感じたのですが、このように庶民的な書物が『論語』や『孟子』とはまたちがった意味で日本人にながく読まれてきたのはおもしろいことです。

そのへんの事情を、世界の思想界の動きとにらみあわせて、もっともよく説明してくださったのが、本文のあとの中村先生の「解説」です。これはこの本のためにわざわざ書いてくださったもので、わたしは読者とともに中村博士にお礼を申しあげます。

魚返(おがえり)善雄

目次

一　犬に仏性があるか

趙州和尚にひら坊ずがたずねた。「犬にも仏の性質がありますか?」
趙州がいう、「無じゃ!」

無門いわく——禅には開祖このかたの関所があり、悟るためには行きづまらねばならぬ。関所も通らず、行きづまりもせねば、まったく草木同然のたましいだ。ところで、その関所とは何かというに、ただこの「無」ということ、これがこの宗の関所だ。だからその名も「禅宗無門関」。通りぬけた者は、趙州に会えるばかりか、代々の祖師がたと手をとって行き、まゆ毛がくっつき、おなじ目で見、おなじ耳できく。すばらしいではないか! 通ろうとする者はいないか?

三百六十の骨ぶし、八万四千の毛穴、全身をもって疑い、「無」の意味を知れ。よるひるひきしめて、「虚無」にも落ちいらず、「有無」にもかかわるな。焼けた鉄のたまをのんだようなぐあいに、はき出すこともならず、これまでの悪分別をとろかし、だんだん練れてくると、しぜんに内もそとも一つになる。オシが夢を見たようで、ひとには知れないが、パッと打ち出せば、えらい事になる。まるで関羽(かんう)さまの刀を手に入れたようで、仏も開祖も、みんなで斬りにし、生も死もないまったくの自由、どこにどう生きるにせよノンビリしたもの。

だが、どうしてひきしめるのか？　いつも張りきって、「無」というものを持て。油断がなければ、お燈明(とうみょう)のようにパッとつくのだ。

歌に――

犬も仏も、
これこのとおり。
「有無」をいうたら、
ほろびるいのち。

〔註〕趙州とは、趙州という町の観音院の坊さん。六十歳で道をもとめ、八十まで歩きまわったという。

第一　趙州狗子

趙州和尚、因僧問、「狗子還有佛性也無?」州云、「無!」

無門曰、參禪須透祖師關、妙悟要窮心路絕。祖關不透、心路不絕、盡是依草附木精靈。且道、如何是祖師關?只者一箇「無」字、乃宗門一關也。遂目之曰「禪宗無門關」。透得過者、非但親見趙州、便可與歷代祖師把手共行、眉毛厮結、同一眼見、同一耳聞。

一　趙州狗子

趙州和尚、因ミニ僧問フ、狗子ニ還ツテ佛性アリヤ也タ無シヤ。州云ク、無。

無門曰ク、參禪ハ須ラク祖師ノ關ヲ透ルベシ、妙悟ハ心路ヲ窮メテ絕センコトヲ要ス。祖關透ラズ、心路絕セズンバ、盡ク是レ依草附木ノ精靈ナラン。且ク道ヘ、如何ナルカ是レ祖師ノ關、只者ノ一箇ノ無ノ字、乃チ宗門ノ一關ナリ。遂ニ之ヲ目ケテ禪宗無門關ト曰フ。透得過スル者ハ、但ダ親シク趙州ニ見ユルノミニアラズ、便チ歷代ノ祖師ト手ヲ把ッテ共ニ行キ、眉毛厮結ンデ、同一眼ニ見、同一耳ニ聞スベシ。豈慶快ナラザランヤ。透關ヲ要スル底ア

豈不慶快！　莫有要透關底麼？

將三百六十骨節、八萬四千毫竅、通身起箇疑團、參箇「無」字。晝夜提撕、莫作「虚無」會、莫作「有無」會。如吞了箇熱鐵丸相似、吐又吐不出、蕩盡從前惡知惡覺、久久純熟、自然內外打成一片。如啞子得夢、只許自知、驀然打發、驚天動地。如奪得關將軍大刀入手、逢佛殺佛、逢祖殺祖、於生死岸頭得大自在、向六道四生中遊戲三昧。

ルコト莫(ナ)シヤ。

三百六十ノ骨節、八萬四千ノ毫竅(ガウケウ)ヲ將(モ)ッテ、通身ニ箇ノ疑團ヲ起シ、箇ノ無ノ字ニ參ゼヨ。晝夜提撕(テイゼイ)シテ、虚無ノ會(ヱ)ヲ作(ナ)スコト莫カレ、有無ノ會ヲ作スコト莫カレ。箇ノ熱鐵丸ヲ吞了スルガ如クニ相似テ、吐ケドモ又吐キ出(イダ)サズ、從前ノ惡知惡覺ヲ蕩盡シ、久久(キウキウ)ニ純熟シテ、自然(ネン)ニ內外(ナイゲ)打成(タジヤウ)一片ナラン。啞子ノ夢ヲ得ルガ如ク、只自知スルコトヲ許ス、驀然(マクネン)トシテ打發セバ、天ヲ驚カシ地ヲ動ゼン。關將軍ノ大(タイ)刀ヲ奪ヒ得テ手ニ入ルガ如ク、佛ニ逢ウテハ佛ヲ殺シ、祖ニ逢ウテハ祖ヲ殺シ、生死岸頭(シヤウジガントウ)ニ於イテ大自在ヲ得、六道四生(シヤウ)ノ中ニ向ッテ遊戲(ユゲ)三昧ナラン。

且、作麼生提撕？　盡平生氣力、擧箇「無」字。若不間斷、好似法燭一點便著。

頌曰、

狗子佛性、
全提正令。
纔涉有無、
喪身失命。

且(カ)ツ、作麼生(ソモサン)カ提撕(テイぜイ)セン。平生ノ氣力ヲ盡シテ、箇ノ無ノ字ヲ擧(コ)セヨ。若シ間斷セズンバ、好シ法燭ノ一點スレバ便チ著(ツ)クニ似ン。

頌(ジュ)ニ曰ク

狗子佛性、
全提正令。
纔(ワズ)カニ有無ニ渉(ワタ)レバ、
喪身失命セン。

二　百丈とキツネ

百丈和尚さまの説教にひとりの老人が、みなと教えをきいていた。みながさがれば老人もさがる。ある日さがらずにいるので、坊さまがきく、「そこに居るのは、何びとじゃな?」

老人「いや、人ではございません。むかしカショウ（迦葉）仏のころ、この寺に住み、書生から『えらい修行をした人も、因果に落ちますか?』ときかれ、『落ちない!』と答えたために、五百代キツネにされました。なにとぞ坊さまのおくちぞえで、キツネからぬけますよう」

そこできく、「えらい修行の人も、因果に落ちましょうか?」

坊さま「因果にたがわぬ!」

老人はその言葉で悟り、おじぎをして、「わたしはもうキツネからぬけて、裏山にいます。どうか坊さま、おとむらいをねがいます」

坊さまは世話役に板を鳴らさせ、食後に葬式だとふれた。一同ふしぎがる、「みんな元気で、病室にいる者もないのに、なぜなんだろう？」

食後になると、坊さまはみなをつれて裏山の岩の下に行き、ツエでキツネの死体をひき出し、それを火葬にした。

坊さまは晩の説教で、いわく因縁を話す。すると黄檗（おうばく）が「その人はひとこと返答しそこねて、五百代キツネの身となったが、ことごとくたがわねば、何になりますかな？」

坊さまがいう、「こっちにこい。話してやろう」

黄檗（おうばく）は近よるなり、坊さまをひっぱたいた。坊さまは手をたたいて笑い、「毛唐は赤ヒゲだが、赤ヒゲの毛唐も居ったか！」

無門いわく――因果に落ちねば、なんでキツネになろう？　因果にたがわねば、どうしてキツネからぬけよう？　もしこの点にシカと目がつけられたら、前世の百丈もたのしい五百代であったとわかる。

歌に――

落ちず、たがわず、

ともにサイの目。
たがわず、落ちず、
たがいにちがい。

〔註〕カショウ（迦葉）仏とは、シャカより前の代の仏。黄檗は、百丈の弟子。

第二　百丈野狐

百丈和尚凡參次、有一老人、常隨衆聽法。衆人退、老人亦退。忽一日不退、師遂問、「面前立者、復是何人？」

老人云、「諾、某甲非人也。於過去迦葉佛時、曾住此山、因學人問、大修行底人、還落因果

二　百丈野狐

百丈和尚、凡ソ參ノ次イデ、一老人アリ、常ニ衆ニ隨ッテ法ヲ聽ク。衆人退ケバ、老人モ亦退ク。忽チ一日不退カズ、師遂ニ問フ、面前ニ立ツ者ハ、復タ是レ何人ゾ。

老人云ク、諾、某甲ハ非人ナリ。過去迦葉佛ノ時ニ於イテ、曾テ此ノ山ニ住ス、因ミニ學人問フ、大修行底ノ人、還ッテ因果ニ落ツルヤ也タ無シヤ。某甲對ヘ

也無？　某甲對云、不落因果、五百生堕野狐身。今請和尚代一轉語、貴脱野狐。」遂問、「大修行底人、還落因果也無？」

師云、「不昧因果。」

老人於言下大悟、作禮云、「某甲已脱野狐身、住在山後。敢告和尚、乞依亡僧事例。」

師令維那、白槌告衆、食後送亡僧。大衆言議、「一衆皆安、涅槃堂又無人病、何故如是？」

食後、只見師領衆、至山後巖下、以杖挑出一死野狐、乃依火葬。

テ云ク、不落因果ト、五百生(シヤウ)野狐身(シン)ニ堕ス。今請フ和尚、一轉語ヲ代ツテ、貴(タフト)ムラクハ野狐ヲ脱セシメヨト。遂ニ問フ、大修行底ノ人、還ツテ因果ニ落ツルヤ也タ無シヤ。

師云ク、不昧因果。

老人言下ニ於イテ大悟、作禮(サライ)シテ云ク、某甲已(スデ)ニ野狐身ヲ脱シテ、山後ニ住在ス。敢テ和尚ニ告(マヲ)ス、乞フ亡僧ノ事例ニ依レ。

師、維那ヲシテ白槌(ビヤクツイ)シテ衆ニ告ゲシム、食(ジキ)後ニ亡僧ヲ送ルト、大(ダイ)衆言(ゴン)議ス、一衆皆安シ、涅槃(ネハン)堂ニ又人ノ病ム無シ、何(ナン)ガ故ゾ是(カク)ノ如クナルト。

食後ニ、只師ノ衆ヲ領ジテ、山後ノ巖下ニ至リ、杖ヲ以ツテ一ノ死野狐ヲ挑出シテ、乃チ火葬ニ依ルヲ見ル。

師至晩上堂、擧前因縁。黃檗便問、「古人錯祗對一轉語、墮五百生野狐身、轉轉不錯、合作箇甚麼？」

師、晩ニ至ツテ上堂、前ノ因縁ヲ擧ス。黃檗便チ問フ、古人錯ツテ一轉語ヲ祗對シテ五百生野狐身ニ墮ス、轉轉錯ラズンバ、合ニ箇ノ甚麼トカ作ルベキ。

師云、「近前來、與伊道。」黃檗遂近前、與師一掌。師拍手笑云、「將謂胡鬚赤、更有赤鬚胡！」

師云ク、近前來、伊ガ與ニ道ハン。黃檗遂ニ近前シテ、師ニ一掌ヲ與フ。師、手ヲ拍ツテ笑ツテ云ク、將ニ謂ヘリ胡鬚赤ト、更ニ赤鬚胡アリ。

無門曰、不落因果、爲甚墮野狐？ 不昧因果、爲甚脫野狐？ 若向者裏著得一隻眼、便知得前百丈贏得風流五百生。

無門曰ク、不落因果、甚トシテカ野狐ニ墮ス。不昧因果、甚トシテカ野狐ヲ脫ス。若シ者裏ニ向ツテ一隻眼ヲ著得セバ、便チ前百丈贏チ得テ風流五百生ナルコトヲ知得セン。

頌曰、
不落不味、
兩采一賽。
不味不落、
千錯萬錯。

頌ニ曰ク、
不落不味、
兩采一賽。
不味不落、
千錯（シャク）萬錯。

三　倶胝の指

倶胝和尚は問いかけられると、指をおっ立てる。のちに小僧が、人からきかれた、「坊さまの説法はどうだ？」——小僧も指をおっ立てた。

倶胝はそれをきき、ハモノでその指を切り落とす。小僧は痛さに泣いて逃げ出した。倶胝がよびもどす。小僧がふりむくと、倶胝は指を立てる。小僧はフッと悟った。

倶胝は死ぬとき、みなに向かい、「天龍さまから指禅を受け、一生使いきれぬわ！」そういって死んだ。

無門いわく——倶胝と小僧の悟りは、指にあるのじゃない。もしこの点がわかれば、天龍と倶胝、それに小僧と自分が、一直線だ。

歌に——

倶胝、天龍をひとつまね、

しかも小僧の指をはね。
手力神(たぢから)の無ぞうさに、
お山くだくをさながらに。

〔註〕倶胝は金華山という寺の坊さん。手力神とあるのは、中国の伝説で山を二つに割って河を通した「巨霊神」のこと。

第三　倶胝竪指

倶胝和尚、凡有所問、唯擧一指。後有童子、因外人問、「和尚説何法要?」童子亦竪指頭。

胝聞之、遂以刃斷其指。童子負痛、號哭而去。胝復召之。童子廻首、胝却竪起指。童子忽然領悟。

三　倶胝竪指(ジュシ)

倶胝(グテイ)和尚、凡ソ所問アレバ、唯一指ヲ擧グ。後(ノチ)ニ童子アリ、因ミニ外人問フ、和尚何(ナン)ノ法要ヲカ説ク。童子亦指頭ヲ竪(タ)ツ。

胝之ヲ聞イテ、遂ニ刃ヲ以テ其ノ指ヲ斷ツ。童子負痛、號哭シテ去ル。胝復(マ)タ之ヲ召ス。童子首ヲ廻ラス、胝却ッテ指ヲ竪起ス。童子忽然トシテ領悟ス。

胝將順世時、謂衆曰、「吾得天龍一指頭禪、一生受用不盡。」言訖示滅。

無門曰、倶胝幷童子悟處、不在指頭上。若向者裏見得、天龍同倶胝、幷童子與自己、一串穿却。

頌曰、

倶胝鈍置老天龍、
利刄單提勘小童。
巨靈擡手無多子、
分破華山千萬重。

胝將(マサ)ニ順世セントスル時、衆ニ謂ツテ曰ク、吾レ天龍一指頭ノ禪ヲ得テ、一生受用不盡ト。言ヒ訖(オワ)ツテ滅ヲ示ス。

無門曰ク、倶胝幷(ナラビ)ニ童子ノ悟處、指頭上ニ在ラズ。若シ者裏ニ向ツテ見得セバ、天龍同ジク倶胝(グテイ)、幷ビニ童子ト自己ト、一串(クワン)ニ穿却セン。

頌ニ曰ク、

倶胝鈍置ス老天龍、
利刄單提シテ小童ヲ勘ス。
巨靈手ヲ擡(モタ)グルニ多子無シ、
分破ス華山ノ千萬重。

四　毛唐にヒゲなし

或庵（わくあん）がいう、「西の毛唐に、なぜヒゲがない？」

無門いわく――思うにも真実、悟るにも真実。ここの「毛唐」も、ただひと目見てつかむがよい。「ひと目見る」といえば、もうふたりだ。

歌に――

　おろか者には、
　夢説くまいぞ。
　毛唐のヒゲなど、
　よけいな苦労。

　〔註〕或庵は鎮江府焦山の坊さん。「西の毛唐」はダルマをさすともいう。

第四　胡子無髭

或庵曰、「西天胡子、因甚無鬚?」

無門曰、參須實參、悟須實悟。者箇胡子、直須親見一回始得。説親見、早成兩箇。

頌曰、

痴人面前、
不可説夢。
胡子無髭、
惺惺添懵。

四　胡子無鬚(ムシュ)

或庵曰ク、西天(サイ)ノ胡子、甚(ナン)ニ因(ヨ)ツテカ鬚(ヒゲ)無キ。

無門曰ク、參ハ須(スベカ)ラク實參ナルベシ、悟ハ須ラク實悟ナルベシ。者箇(シャコ)ノ胡子、直(ヂキ)ニ須ラク親見一回シテ始メテ得ベシ。親見ト説クモ、早兩箇ト成ル。

頌ニ曰ク、

痴人面前、
夢ヲ説クベカラズ。
胡子無髭、
惺(セイ)惺ニ懵(ボウ)ヲ添フ。

五　香厳と木のぼり

香厳和尚がいうには、「人が木にのぼり、枝をくわえて、手ではつかまれず、足もかけられぬ。下から人が禅の意味をきく。答えないでは相手にすまぬし、答えたらこっちのいのちがなくなる。こういう場合に、どう応対する？」

無門いわく――いくら口が達者でも、役にはたたぬ。お経をまくしたてても、これまた無用。もしこのところで答えられたら、死んでいたのも生かされて、生きていたのが死なされる。それができねば、気ながに待ってミロクにきけ。

歌に――

香厳こそ狂言、
めいわくなは世間。
坊ずも舌をまき、

目をむきハテけげん。

〔註〕香厳は百丈その他におそわった人。ミロクは、何億年かののちに現れるというボサツさまの名。

第五　香嚴上樹

香嚴和尚云、「如人上樹、口啣樹枝、手不攀枝、脚不蹈樹。樹下有人問西來意。不對卽違他所問、若對又喪身失命。正恁麼時、作麼生對？」

無門曰、縱有懸河之辯、總用不著。説得一大藏教、亦用

五　香嚴上樹

香嚴和尚云ク、人ノ樹ニ上ルガ如シ、口ニ樹枝ヲ啣ミ、手ニ不枝ヲ攀ヂズ、脚樹ヲ蹈マズ。樹下ニ人アッテ西來ノ意ヲ問フ。對ヘズンバ卽チ他ノ所問ニ違ク、若シ對フレバ又喪身失命セン。正恁麼ノ時、作麼生カ對ヘン。

無門曰ク、縱ヒ懸河ノ辯アルモ、總ニ用不著。一大藏教ヲ説キ得ルモ、亦用不著。若シ者裏ニ向ッテ

不著。若向者裏對得著、活却從前死路頭、死却從前活路頭。其或未然、直待當來問彌勒。

頌曰、

香嚴眞杜撰、
惡毒無盡限。
啞却衲僧口、
通身迸鬼眼。

對得著セバ、從前ノ死路頭ヲ活却シ、從前ノ活路頭ヲ死却セン。其レ或ハ未ダ然ラズンバ、直（ヂキ）ニ當來ヲ待ツテ彌勒（ミロク）ニ問ヘ。

頌ニ曰ク、

香嚴眞ノ杜撰（ヅザン）、
惡毒盡限無シ。
衲僧ノ口ヲ啞却シテ、
通身ニ鬼眼ヲ迸（ホトバシ）ラシム。

六　シャカ、花を持つ

おシャカ（釈迦）さまが、霊山（りょうぜん）での集まりのとき、みなに花を見せた。このとき、だれもポカンとしていたが、ただカショウ（迦葉）さまだけがニコリと笑った。おシャカさまがいう、「わしの世界の見かた、人生の極意、すがたと影の、ふしぎな道理、文字に書けない、心の教えを、この大カショウに授ける」

無門いわく――茶色のおシャカさん、吹きも吹いたり、善人をナメて、見本とちがう物を売り、いかにも奇抜なつもり。だがもし全部がニコリとしたら、「世界の見かた」も授けにくかろう。もしもカショウがニコリとせねば、これまたどうして伝えられよう？「世界の見かた」が秘伝だなどとは、茶らぽこおやじのいなか芝居だ。もしまた秘伝でないのなら、なんでカショウに限るのか？

歌に——

花を持つ手に、
シッポが見えた。
カショウ笑えば、
宇宙が動く。

第六　世尊拈花

世尊、昔在靈山會上、拈花示衆。是時、衆皆默然、惟迦葉尊者破顔微笑。

世尊云、「吾有正法眼藏、涅槃妙心、實相無相、微妙法門、不立文字、敎外別傳、付囑摩訶

六　世尊拈花

世尊、昔靈山會上ニ在ッテ、花ヲ拈ジテ衆ニ示ス。是ノ時、衆皆默然タリ、惟迦葉尊者ノミ破顔微笑ス。

世尊云ク、吾ニ正法眼藏、涅槃妙心、實相無相、微妙ノ法門アリ、不立文字、敎外別傳、摩訶迦葉ニ付囑ス。

迦葉。」

無門曰、黄面瞿曇、傍若無人、壓良爲賤、懸羊頭賣高狗肉、將謂多少奇特。只如當時大衆都笑、正法眼藏作麼生傳? 設使迦葉不笑、正法眼藏又作麼生傳? 若道正法眼藏有傳授、黄面老子誑謼閭閻。若道無傳授、爲甚麼獨許迦葉。

頌曰、

拈起花來、
尾巴已露。

無門曰ク、黄面ノ瞿曇、傍若無人、良ヲ壓シテ賤ト爲シ、羊頭ヲ懸ケテ狗肉ヲ賣ル、將ニ謂ヘリ多少ノ奇特ト。只當時大衆都テ笑フガ如キンバ、正法眼藏作麼生カ傳ヘン。設シ迦葉ヲシテ笑ハザラシメバ、正法眼藏又作麼生カ傳ヘン。若シ正法眼藏ニ傳授アリト道ハバ、黄面ノ老子閭閻ヲ誑謼ス。若シ傳授無シト道ハバ、甚麼トシテカ獨リ迦葉ニ許ス。

頌ニ曰ク、

花ヲ拈起シ來レバ、
尾巴已ニ露ハル。

迦葉破顔、
人天罔措。

迦葉破顔、
人天措クコト罔シ。

七　趙州、鉢を洗わせる

趙州(じょうしゅう)に坊ずが「わたしは入門早々です、どうかおさしずを」とたのむと、趙州、

「おカユは食いおったか？」

坊ず「おカユはたべました」

趙州「鉢を洗ってこい！」

その坊ず気がついた。

無門いわく――趙州はキモをのぞかせ、シン底を見せている。この坊ず、聞き分けなければ、カネもカメも同じ。

歌に――

ハッキリしたことが、
ウッカリされるもの。

あかりは火であるぞ、
ご飯の火をひけよ。

第七　趙州洗鉢

趙州、因僧問、「其甲乍入叢林、乞師指示。」州云、「喫粥了也未？」

僧云、「喫粥了也。」

州云、「洗鉢盂去！」

其僧有省。

無門曰、趙州開口見膽、露

七　趙州洗鉢（パッ）

趙州、因ミニ僧問フ、其甲（ソレガシ）乍（サ）入叢林、乞フ師、指示セヨ。州云ク、喫粥（シュク）シ了（オハ）ルヤ未（イマ）ダシヤ。

僧云ク、喫粥シ了ル。

州云ク、鉢盂（ハッウ）ヲ洗ヒ去レ。

其ノ僧省（セイ）アリ。

無門曰ク、趙州口ヲ開イテ膽ヲ見セシメ、心肝ヲ

出心肝。者僧、聽事不眞、喚鐘作甕。

頌曰、

只爲分明極、
翻令所得遲。
早知燈是火、
飯熟已多時。

露出ス。者(コ)ノ僧、事(ジ)ヲ聽イテ眞ナラズンバ、鐘ヲ喚ンデ甕(カメ)ト作ス。

頌ニ曰ク、

只分明ニ極ムルガ爲ニ、
翻(カエ)ツテ所得ヲシテ遲カラシム。
早ク知ル燈ハ是レ火ナルコトヲ、
飯(ハン)熟スルコト已ニ多時。

八　奚仲の車

月庵和尚が坊ずに問う、「奚仲発明の車が百、両輪をはずし、軸ものけたが、何事を知るためか？」

無門いわく――これもすぐにピンとくるなら、目は流れ星、機転はいなずまだ。

歌に――

まわる小ぐるま、
つい迷わされ。
天地四方を、
かなたやこなた。

〔註〕　月庵は温州の坊さん。無門より四代前の人。

第八　奚仲造車

月庵和尚問僧、「奚仲造車一百輻、拈却兩頭、去却軸、明甚麼邊事？」

無門曰、若也直下明得、眼似流星、機如掣電。

頌曰、

機輪轉處、
達者猶迷。
四維上下、
南北東西。

八　奚仲造車

月庵和尚僧ニ問フ、奚仲車ヲ造ルコト一百輻(ブク)、兩頭ヲ拈却シ、軸ヲ去(コ)却シテ、甚麼邊(ナンペン)ノ事(ジ)ヲカ明ラム。

無門曰ク、若シ也(マ)タ直下(ヂキゲ)ニ明ラメ得バ、眼(マナコ)流星ニ似、機掣(セイ)電ノ如クナラン。

頌ニ曰ク、

機輪轉ズル處、
達者猶ホ迷フ。
四維(ユヰ)上下、
南北東西。

九　大通智勝仏

興陽の清譲和尚（せいじょうおしょう）に坊ずがきく、「大通智勝仏、座禅も幾億年、悟りは現れず、ホトケに成りかねるとはどうですか？」

清譲「その質問がいい例じゃ」

坊ず「座禅をしているのに、どうしてホトケになれないのですか？」

清譲「かれが成仏（じょうぶつ）せぬまでさ」

無門いわく――よく知ることが大事、ただの勘ではこまる。だれでもよく知ればそれで聖人。聖人も勘だけでは俗物。

歌に――

身をば休めず気を休め、
うれいなきこそよくあらめ。

身も楽、気も楽、これ仙人、
百万石は世のたわけ。

〔註〕清譲は興陽山という寺の坊さん。大通智勝仏は「法華経」に出ており、限りもない時間と個人が向かいあっただけではどうにもならないことのたとえ。

第九　大通智勝佛

興陽讓和尚、因僧問、「大通智勝佛、十劫坐道場、佛法不現前、不得成佛道時如何？」

讓云、「其問甚諦當。」

僧云、「既是坐道場、爲甚麼不得成佛道？」

讓云、「爲伊不成佛。」

九　大通智勝佛

興陽ノ讓和尚、因ミニ僧問フ、大通智勝佛、十劫坐道場、佛法不現前、不得成佛道ノ時如何（イカ）ン。

讓云ク、其ノ問（モン）甚ダ諦（タイ）當ナリ。

僧云ク、「既ニ是レ坐道場、甚麼（ナン）トシテカ不得成佛道ナル。

讓云ク、伊（カレ）ガ不成佛ナルガ爲ナリ。

無門曰、只許老胡知、不許老胡會。凡夫若知卽是聖人、聖人若會卽是凡夫。

頌曰、

了身何似了心休、
了得心兮身不愁。
若也身心倶了了、
神仙何必更封侯？

無門曰ク、只老胡ノ知ヲ許シテ、老胡ノ會ヲ許サズ。凡夫若シ知ラバ卽チ是レ聖人、聖人若シ會セバ卽チ是レ凡夫。

頌ニ曰ク、

身ヲ了ゼンヨリハ何ゾ似カン心ヲ了ジテ
休センニハ、
心ヲ了得スレバ身愁ヘズ。
若シ也タ身心倶ニ了了ナラバ、
神仙何ゾ必ズシモ更ニ侯ニ封ゼン。

一〇 清税の貧乏

曹山和尚に坊ずがたのんだ、「わたし（清税）は素寒貧なんで、どうかお力ぞえを」
曹山「清税さま」
清税「ハア」
曹山「泉州名だいの酒を、なんばいも飲みながら、口もぬらさぬとおっしゃるのか？」

無門いわく――清税の気合い負けは、どういう思わくからか？　曹山は目が高く、そのへんをよく察した。それはそうとして、さて、清税さんが酒を飲んだとは何をさす？

歌に――

　下宿住まいで、
大将気どり。

食うや食わずが、
持ち物じまん。

〔註〕曹山は泉州曹山の坊さんで、洞山（とうざん）の教えをついだ人。清税はまた清鋭とも書いてある。「わたしは無学です。どうかご指導を」とたのんで出ながら、相手から「さま」という敬称をつけられると、かれは「ハア」と答えてしまった。

第十　清税孤貧

曹山和尚、因僧問云、「清税孤貧、乞師賑濟！」

山云、「税闍梨！」

税應諾。

山云、「青原白家酒、三盞喫了、猶道未沾唇？」

十　清税孤貧

曹山和尚、因ミニ僧問ウテ云ク、清税孤貧、乞フ師賑済（シン）シタマヘ。

山云ク、税闍梨（ジャリ）。

税、應諾ス。

山云ク、青原白家（ケ）ノ酒、三盞（サン）喫シ了ッテ、猶ホ道フ未ダ唇（シタ）ヲ沾（ウルホ）サズト。

無門曰、清稅輸機、是何心行？曹山具眼、深辨來機。然雖如是、且道、那裏是稅闍梨喫酒處？

頌曰、

貧似范丹、
氣如項羽。
活計雖無、
敢與鬪富。

無門曰ク、清稅機ヲ輸(マ)ク、是レ何ノ心行ゾ。曹山ノ具眼、深ク來機ヲ辨ズ。然モ是(カク)ノ如クナリト雖モ、且(シバラ)ク道(イ)ヘ、那裏(ナリ)カ是レ稅闍梨酒ヲ喫スル處。

頌ニ曰ク、

貧ハ范丹(タン)ニ似、
氣ハ項羽ノ如シ。
活計無シト雖モ、
敢テ與(トモ)ニ富ヲ鬪ハス。

一一　趙州、庵主をためす

趙州がある庵主をたずねてきく、「有るか？　有るか？」庵主はゲンコツを出した。趙州は「水が浅くて、船がかかれん」と、そのまま去る。また別の庵主をたずね、「有るか？　有るか？」この庵主もゲンコツを出す。趙州は「放すも取るも、殺すも生かすも自由じゃ」と、おじぎをした。

無門いわく——同じようにゲンコツを出したのに、なぜ一方をよいとし、一方を悪いとするか？　いったい、ちがいはどこにあるのか？　もしこの点に言い切りができれば、趙州は舌がよくまわり、起こすも倒すも思いのままだとわかる。それはそうとして、なんと趙州のほうもふたりの庵主に見ぬかれている。ふたりの庵主に甲乙をつけるのは、禅味のないはなし。甲乙がないというのも、禅味のある見かたではない。

歌に――

目は流星、
気はいなずま。
斬る刀、
救う剣。

第十一　州勘庵主

趙州到一庵主處問、「有麼？有麼？」
主竪起拳頭。州云、「水淺、不是泊船處。」便行。
又到一庵主處云、「有麼？有麼？

十一　州勘庵主

趙州一庵主ノ處ニ到ッテ問フ、有リヤ有リヤ。
主、拳頭ヲ竪起ス。州云ク、水淺ウシテ、是レ船ヲ泊スル處ニアラズト、便チ行ク。
又一庵主ノ處ニ到ッテ云ク、有リヤ有リヤ。

有麼？」

主亦竪起拳頭。州云、「能縱能奪、能殺能活。」便作禮。

無門曰、一般竪起拳頭、爲甚麼肯一箇、不肯一箇？　且道、誵訛在甚處？　若向者裏下得一轉語、便見趙州舌頭無骨、扶起放倒得大自在。

雖然如是、爭奈趙州却被二庵主勘破。若道二庵主有優劣、未具參學眼。若道無優劣、亦未具參學眼。

主モ亦拳頭ヲ竪起ス。州云ク、能縱能奪、能殺(セツ)能活ト、便チ作禮(サライ)ス。

無門曰ク、一般ニ拳頭ヲ竪起ス、甚麼トシテカ一箇ヲ肯(ウケガ)ヒ、一箇ヲ肯ハザル。且(シバラ)ク道(イ)ヘ、誵訛(ガウグワ)甚(ナン)ノ處ニカ在ル。若シ者裏ニ向ツテ一轉語ヲ下シ得バ、便チ趙州舌頭ニ骨無ク、扶起放倒大自在ヲ得ルコトヲ見ン。

然モ是ノ如クナリト雖モ、爭奈(イカン)セン趙州却ツテ二庵主ニ勘破セラルルコトヲ。若シ二庵主ニ優(ウ)劣アリト道ハバ、未ダ參學ノ眼(マナコ)ヲ具セズ。若シ優劣無シト道フモ、亦未ダ參學ノ眼ヲ具セズ。

頌曰、
眼流星、
機掣電。
殺人刀、
活人劍。

頌ニ曰ク、
眼（マナコ）ハ流星、
機ハ掣（セイ）電。
殺人（セツニン）刀、
活人劍。

一二　瑞巖、「主人」とよぶ

瑞巖（ずいがん）の彦和尚（げんおしょう）は、毎日じぶんで「ご主人！」とよび、またじぶんで「ハイ」と返事する。そしていう、「目ざめていなさい」「ハア」「将来ともに、だまされるなよ」「ハアハア」

無門いわく――瑞巖のじいさん、ひとりで売り買い、いろいろおかしなご面相をして見せる。というのは？　一つはよぶ顔、一つは答える顔、一つは目ざめる顔、一つはだまされまいとする顔。見知ったところで、ほんものじゃない。この人のまねなどしたら、そんなのはキツネ禅だ。

歌に――

道行く人の見そこない、
かりの心を見た迷い。

生きて死にゆく世のならい、
真の人とは人ちがい。

〔註〕彦和尚とは、台州瑞巖の師彦禅師、一日じゅう石の上にすわっている変わり者であった。

第十二　巖喚主人

瑞巖彦和尚、毎日自喚「主人公！」復自應諾。乃云、「惺惺著！」「喏！」「他時異日、莫受人瞞！」「喏喏！」

無門曰、瑞巖老子、自買自

十二　巖喚主人

瑞巖ノ彦和尚、毎日自ラ主人公ト喚ビ、復タ自ラ應諾ス。乃チ云ク、惺惺著。喏。他時異日、人ノ瞞ヲ受クルコト莫カレ。喏喏。

無門曰ク、瑞巖老子、自ラ買ヒ自ラ賣ッテ、許多

賣、弄出許多神頭鬼面。何故聻？一箇喚底、一箇應底、一箇惺惺底、一箇不受人瞞底。認著、依然還不是。若也傚他、總是野狐見解。

頌曰、

學道之人不識眞、
只爲從前認識神。
無量劫來生死本、
痴人喚作本來人。

ノ神頭(ヅ)鬼面ヲ弄出ス。何(ナン)ガ故ゾ、聻(ニィ)。一箇ハ喚ブ底、一箇ハ應ズル底、一箇ハ惺惺底、一箇ハ人ノ瞞ヲ受ケザル底。認著スレバ、依然トシテ還ッテ不是。若シ也(マ)タ他ニ傚(ナラ)ハバ、總ニ是レ野狐ノ見解(ゲ)ナラン。

頌ニ曰ク、

學道ノ人眞ヲ識ラズ、
只從前識神ヲ認ムルガ爲ナリ。
無量劫來生死(ジ)ノ本、
痴人喚ンデ本來人(ニン)ト作ス。

一三　徳山、鉢を持つ

徳山（とくさん）がある日、鉢を持って広間に出たら、雪峰（せっぽう）にやられた、「このおやじ、鐘も鳴らず、タイコも鳴らんのに、鉢を持ってどこに行く？」

徳山はそのまま部屋に帰る。雪峰が巖頭（がんとう）に話すと、巖頭がいった、「さすがのおやじも、最後の文句は知らんな」

徳山は聞くと、人をやって巖頭をよびつけ、たずねた、「おまえはわしを認めないのか？」

巖頭はソッと耳打ちする。徳山はそれでおさまった。

あくる日の説教は、なるほどふだんとちがっている。巖頭は座禅堂の前まできて、手をたたいて笑い、「ヤレヤレ、おやじめ最後の文句がわかったよ。これから、世間の人はどうにもできまいて」

無門いわく――最後の文句となると、巖頭も徳山も、夢にも見ぬものがある。つきつめれば、かれらはまるでタナの人形だ。

歌に――

最初が解けるなら、
最後も解けるもの。
最後と最初とは、
それとは別のもの。

〔註〕徳山は唐の宣鑑禅師、雪峰（義存）と巖頭（全豁（ぜんかつ））はどちらも徳山の弟子。

第十三　徳山托鉢

徳山、一日托鉢下堂、見雪峰問、「者老漢、鐘未鳴、鼓未響、托鉢向甚處去？」

十三　徳山托鉢（ハツ）

徳山、一日托鉢シテ堂ニ下（クダ）ル、雪峰ニ者（コ）ノ老漢、鐘未ダ鳴ラズ、鼓（ク）未ダ響カザルニ、托鉢シテ甚（ナン）ノ処ニ向ッテ去ルト問ハレテ、山便チ方丈ニ回ル。峰、巖頭ニ

山便回方丈。峰擧似巖頭。頭云、「大小德山、未會末後句。」

山聞、令侍者喚巖頭來、問曰、「汝不肯老僧耶?」

巖頭密啓其意。山乃休去。

明日陞座、果與尋常不同。巖頭至僧堂前、拊掌大笑云、「且喜得、老漢會末後句。他後、天下人不奈伊何。」

無門曰、若是末後句、巖頭德山、倶未夢見在。檢點將來、好似一棚傀儡。

擧似(コジ)ス。頭云ク、大小ノ德山、未ダ末後ノ句ヲ會(エ)セズ。

山聞イテ、侍者ヲシテ巖頭ヲ喚ビ來ラシメテ、問ウテ曰ク、汝老僧ヲ肯ハザルカ。

巖頭密ニ其ノ意ヲ啓(マヲ)ス。山乃チ休シ去ル。

明日陞座(シンゾ)、果シテ尋常(ヨノツネ)ト同ジカラズ。巖頭、僧堂前ニ至ツテ、掌(タナゴコロ)ヲ拊(ウ)ツテ大笑シテ云ク、且喜(シャキ)スラクハ、老漢末後ノ句ヲ會スルコトヲ得タリ。他後、天下ノ人伊(カレ)ヲ奈何(イカン)トモセズ。

無門曰ク、若シ是レ末後ノ句ナラバ、巖頭德山、倶ニ未ダ夢ニモ見ザルコト在リ。檢點シ將(モ)チ來レバ、好(ヨ)シ一棚(ボウ)ノ傀儡(クワイライ)ニ似タリ。

頌曰、

識得最初句、
便會末後句。
末後與最初、
不是者一句。

頌ニ曰ク、

最初ノ句ヲ識得スレバ、
便チ末後ノ句ヲ會ス。
末後ト最初ト、
是レ者ノ一句ニアラズ。

一四　南泉、ネコを斬る

南泉和尚は、東むねと西むねの坊さんがネコを争うので、手に取りあげていう、「おまえらの返答で助けるが、返答できねば斬ってすてるぞ！」だれも答えぬ。南泉はついに斬った。晩に趙州が帰ると、南泉が話す。趙州はワラジをぬぎ、頭にのせて出て行く。南泉がいった、「さっきおまえが居たら、ネコが助かったのに！」

無門いわく――いったい、趙州がワラジをのせた意味は何か？　もしこの点に言い切りができれば、南泉の手打ちもムダでないとわかる。もしそうでないと、あぶない。

歌に――

趙州居たなら、

こちらが逆手。
刀もぎ取り、
南泉「お助け！」

〔註〕南泉普願禅師は馬祖道一禅師に教えを受け、南泉山に三十年たてこもった。趙州はかれの門人。

第十四　南泉斬猫

南泉和尚、因東西兩堂爭猫兒、泉乃提起云、「大衆道得卽救、道不得卽斬却也！」

衆無對。泉遂斬之。

晚、趙州外歸、泉擧似州。州乃脱履、安頭上而出。

十四　南泉斬猫(ザンメウ)

南泉和尚、因ミニ東西ノ兩堂猫兒(メウジ)ヲ爭フ、泉乃チ提起シテ云ク、大衆道ヒ得バ卽チ救ハン、道ヒ得ズンバ卽チ斬却セン。

衆對(コタ)フルナシ。泉遂ニ之ヲ斬ル。

晚ニ、趙州外ヨリ歸ル、泉、州ニ擧似(コジ)ス。州乃チ履ヲ脱シテ、頭上ニ安ジテ出ヅ。

泉云、「適來子若在、即救得
猫兒！」

無門曰、且道、趙州頂草鞋
意作麼生？ 若向者裏下得一
轉語、便見南泉令不虛行。其
或未然、險。

頌曰、

趙州若在、
倒行此令。
奪却刀子、
南泉乞命。

泉云ク、適來子(ナンヂ)若シ在ラバ、即チ猫兒ヲ救ヒ得ン。

無門曰ク、且(シバラ)ク道(イ)ヘ、趙州草鞋(サウアイ)ヲ頂ク意作麼生(ソモサン)。若シ者裏ニ向ツテ一轉語ヲ下シ得バ、便チ南泉ノ令虛(ミダ)リニ行ゼザルコトヲ見ン。其レ或ハ未ダ然ラズンバ、險。

頌ニ曰ク、

趙州若シ在ラバ、
倒(サカシマ)ニ此ノ令ヲ行ゼン。
刀子(ス)ヲ奪却セバ、
南泉モ命ヲ乞ハン。

一五　洞山の面くらい

雲門は、洞山が習いにきたので、たずねた、「ちかごろどこに居た？」
洞山「査渡です」
雲門「夏はどこにいた？」
洞山「湖南の報慈寺です」
雲門「いつあちらを出た？」
洞山「八月二十五日です」
雲門「六十ぶたれるところだな」
洞山はあくる日、また行ってたずねた、「きのうは六十ぶたれるのをゆるされましたが、いったい何の落ち度でしょう？」
雲門「ゴクつぶしめ！　江西・湖南とウロつきおって」
洞山はハッと気がついた。

無門いわく――雲門は、とっさに何よりの物をくらわせて、洞山によみがえりを得させ、一門の名を落とさなかった。ひと晩じゅうあれかこれかと思案して、夜があけてまたきたやつを、またも取っちめてやった。洞山はそこで悟ったが、悟りが早くはない。

ところでみなさん、洞山は六十ぶたれるべきかどうか？　もし「べき」だとすれば、草木もお寺もぶたれるべきだ。もし「べきでない」とすれば、雲門がウソつきになる。この点がハッキリしてこそ、洞山をも生かすことになる。

歌に――

シシの教えの親ごころ、
落ちると見せて身をかえす。
まっこうまともに二度やられ、
浅でのあとの深いきず。

〔註〕雲門は雪峰の弟子で雲門宗を開いた。洞山は雲門の弟子。

第十五　洞山三頓

雲門、因洞山參次、門問曰、「近離甚處?」

山云、「查渡。」

門云、「夏在甚處?」

山云、「湖南報慈。」

門云、「幾時離彼?」

山云、「八月二十五。」

門云、「放汝三頓棒!」

山至明日、却上問訊、「昨日蒙和尚放三頓棒、不知過在甚處?」

門云、「飯袋子! 江西湖南

十五　洞山三頓

雲門、因ミニ洞山參ズル次(ツ)イデ、門問ウテ曰ク、近離甚(イツレ)ノ處ゾ。

山云ク、查渡。

門云ク、夏(ゲ)、甚ノ處ニカ在ル。

山云ク、湖南ノ報慈(ズ)。

門云ク、幾時(イクトキ)カ彼(カシコ)ヲ離ル。

山云ク、八月二十五。

門云ク、汝ニ三頓ノ棒ヲ放(ユル)ス。

山、明日ニ至ツテ、却ツテ上(ノボ)ツテ問訊ス、昨日和尚ニ三頓ノ棒ヲ放(ユル)スコトヲ蒙ル。知ラズ過(トガ)甚麼ノ處ニカ在ル。

門云ク、飯袋子(ハンタイス)、江西湖南便チ恁麼(インモ)ニシ去ルカ。

便恁麼去。」

山於此大悟。

山、此ニ於イテ大悟ス。

無門曰、雲門、當時便與本分草料、使洞山別有生機、一路家門不致寂寥。一夜在是非海裏著到、直待天明再來、又與他注破。洞山直下悟去、未是性燥。

無門曰ク、雲門、當時便チ本分ノ草料ヲ與ヘテ、洞山ヲシテ別ニ生機アラシメ、一路ノ家門寂寥ヲ致サズ。一夜是非海裏ニ在ッテ著到シテ、直ニ天明ヲ待ッテ再來スレバ、又他ノ與ニ注破ス。洞山直下ニ悟リ去ルモ、未ダ是レ性燥ナラズ。

且問諸人、洞山三頓棒合喫不合喫？ 若道合喫、草木叢林皆合喫棒。若道不合喫、雲門又成誑語。向者裏明得、方與洞山出一口氣。

且ク諸人ニ問フ、洞山三頓ノ棒喫スベキカ喫スベカラザルカ。若シ喫スベシト道ハバ、草木叢林皆棒ヲ喫スベシ。若シ喫スベカラズト道ハバ、雲門又誑語ヲ成ス。者裏ニ向ッテ明ラメ得バ、方ニ洞山ノ與ニ一口氣ヲ出ダサン。

頌曰、
獅子教兒迷子訣、
擬前跳躑早翻身。
無端再叙當頭著、
前箭猶輕後箭深。

頌ニ曰ク、
獅子、兒(ジ)ヲ教フ迷子ノ訣、
前(スス)マント擬シテ跳躑(チャク)シテ早ク翻身(ホンジン)ス。
端無クモ再ビ叙ブ當頭著(ヂャク)、
前箭ハ猶ホ輕ク後箭ハ深シ。

一六　なぜ鐘がなるとケサを着るか

雲門がいう、「世界はこんなに広いのに、なぜ鐘の声がするとケサを着るのだ？」

無門いわく——いったい禅の修行には、声や色に迷ってはならぬ。たとえ声に道を悟り、色に心を知っても、大したことじゃない。そんなことより、坊ずは声や色を乗り越えたら、物ごとがよくわかり、うまい手が打てる。それはそうだが、ところで、声がきこえてくるのか、耳がそっちに行くのか？　かりに声も静けさも忘れたら、そのときの話はどうする？　耳できいてもわかるまいが、目で声きけばわかるのだ。

歌に——

わかれば他家もわが家、
知らねば世間さまざま。

知らねど他家はわが家、
わかれど世間さまざま。

第十六　鐘聲七條

雲門曰、「世界恁麼廣闊、因甚向鐘聲裏披七條？」

無門曰、大凡參禪學道、切忌隨聲逐色。縱使聞聲悟道、見色明心、也是尋常。殊不知、衲僧家騎聲蓋色、頭頭上明、著著上妙。然雖如是、且道、聲來耳畔、耳往聲邊？ 直饒

十六　鐘聲七條

雲門曰ク、世界恁麼ニ廣闊タリ、甚ニ因ツテカ鐘聲裏ニ向ツテ七條ヲ披ス。

無門曰ク、大凡ソ參禪學道ハ、切ニ忌ム聲ニ隨ヒ色ヲ逐フコトヲ。縱使聞聲悟道、見色明心スルモ、也タ是レ尋常ナリ。殊ニ知ラズ、衲僧家聲ニ騎リ色ヲ蓋ヒ、頭頭上ニ明ニ、著著上ニ妙ナルコトヲ。然モ是ノ如クナリト雖モ、且ク道ヘ、聲、耳畔ニ來ルカ、耳、聲邊ニ往クカ。直饒響寂雙ビ忘ズルモ、此

響寂雙忘、到此如何話會？若將耳聽應難會、眼處聞聲方始親。

頌曰、

會則事同一家、
不會萬別千差。
不會事同一家、
會則萬別千差。

ニ到ッテ如何ガ話會セン。若シ耳ヲ將ッテ聽カバ會シ難カルベシ、眼處ニ聲ヲ聞カバ方ニ始メテ親シ。

頌ニ曰ク、

會スルトキンバ事（ジ）、同一家（ケ）、
會セザルトキハ萬別千差（シャ）。
會セザルモ事（ジ）、同一家、
會スルモ萬別千差。

一七　国師、三度よぶ

国師さまが三度「小僧や」とよべば、三度とも「ハアイ」と答える。国師さまがいう、「わしが悪いかと思うたが、そんなじゃ、おまえのほうが悪いぞよ」

無門いわく——三度もよんでは舌がぬけよう。ハイハイハイでは声もかれよう。国師さまは年よりのなさけで、首つかまえて草を食わすが、小僧の牛はいただかない。ふくれ腹には入り申さぬ。ところで、小僧のどこが悪いのか？「わが世のお役人、お家（いえ）のドラむすこ」

歌に——

穴なしカセをひっかつぎ、
罪を荷のうていく世つぎ。
大寺小寺のぬしならば、

はだしで登れ山つるぎ。

〔註〕国師さまとは、シナのお大師さまといわれる慧忠(えちゅう)、大証(だいしょう)禅師のこと。唐の粛(しゅく)宗(そう)・代宗皇帝のころの人。「わが世のお役人、お家のドラむすこ」という文句はことわざで、太平楽はよくないこと。

第十七　國師三喚

國師三喚侍者、侍者三應。國師云、「將謂吾辜負汝、元來却是汝辜負吾。」

無門曰、國師三喚、舌頭墮地。侍者三應、和光吐出。國師年老心孤、按牛頭喫草、侍

十七　國師三喚

國師三タビ侍者ヲ喚(ヨ)ブ、侍者三タビ應ズ。國師云ク、將ニ謂(オモ)ヘリ吾レ汝ニ辜(コ)負スト、元來却ツテ是レ汝吾レニ辜負ス。

無門曰ク、國師三喚、舌頭地ニ墮ツ。侍者三應、光リニ和シテ吐(ト)出ス。國師年老イテ心孤ニシテ、牛(ゴ)頭(ズ)ヲ按ジテ草ヲ喫セシム、侍者未ダ肯テ承當(ジョウ)セズ。

者未肯承當。美食不中飽人飡。
且道、那裏是他辜負處？
「國清才子貴、家富小兒驕。」

頌曰、

鐵枷無孔要人擔、
累及兒孫不等閒。
欲得撐門幷拄戶、
更須赤脚上刀山。

美食飽人ノ飡(サン)ニ中(アタ)ラズ。且(シバラ)ク道(イ)ヘ、那裏カ是レ辜負ノ處ゾ。國清ウシテ才子貴ク、家富ンデ小兒驕ル。

頌ニ曰ク、

鐵枷無孔、人ノ擔ハンコトヲ要ス、
累ヒ兒孫ニ及ンデ等閒(ナホザリ)ナラズ。
門ヲ撐(ササ)ヘ幷ビニ戶ヲ拄(ササ)フルコトヲ得ント欲セバ、
更ニ須ク赤脚ニシテ刀山ニ上ルベシ。

一八　洞山の麻三斤

洞山和尚に、坊ずがたずねた、「どんなのがホトケで？」すると洞山、「アサの実三斤さ」

無門いわく――洞山じいさん、やったのはハマグリ禅らしく、くちをパクンとあくと、腹わたを見せる。それはそうだが、さて、洞山はどこにいるか？

歌に――

あっさりと麻三斤、
やさしくまた意味深。
とやかくいう者は、
それこそヘンチクリン。

第十八　洞山三斤

洞山和尚、因僧問、「如何是佛？」山云、「麻三斤。」

無門曰、洞山老人、參得些蚌蛤禪、纔開兩片皮、露出肝腸。然雖如是、且道、向甚處見洞山？

頌曰、

突出麻三斤、
言親意更親。

十八　洞山三斤

洞山和尚、因（チナ）ミニ僧問フ、如何ナルカ是レ佛。山云ク、麻（マ）三斤。

無門曰ク、洞山老人、些（サ）ノ蚌蛤（ハウガフ）禪ニ參得シテ、纔カニ兩片皮ヲ開イテ、肝腸ヲ露出ス。然モ是（カク）ノ如クナリト雖モ、且（シバラ）ク道（イ）ヘ、甚（ナン）ノ處ニ向ツテ洞山ヲ見ン。

頌ニ曰ク、

突出ス麻三斤、
言（コト）親シウシテ意更ニ親シ。

來說是非者、
便是是非人。

來ッテ是非ヲ說ク者、
便チ(スナハ)是レ是非ノ人。

一九　ふだんが道じゃ

南泉に趙州がたずねた、「どんなのが道です?」すると南泉、「ふだんの気もちが道じゃ」

趙州「そう仕向けるものでしょうか?」

南泉「仕向けると、はずれる」

趙州「仕向けねば、道が知れますまい?」

南泉「道は知る知らぬを、越えたものじゃよ。知るというも迷い、知らぬも気のつかぬまで。仕向けないで道に行きついたら、それこそ大空のようにカラリとして、よしあしはかまわんじゃないか?」

趙州はその言葉で悟った。

無門いわく——南泉は趙州にきかれて、たちまちサラリと解き、ラチもなくしてしまった。

趙州が悟れたにしても、ここまでにはもう三十年だ。

歌に——

春は花さき秋は月、
夏はすず風、冬は雪。
あだに心を使わねば、
わが世たのしく時は過ぎ。

第十九　平常是道

南泉、因趙州問、「如何是道？」泉云、「平常心是道。」州云、「還可趣向否？」泉云、「擬向卽乖。」

十九　平常是道

南泉、因ミニ趙州問フ、如何ナルカ是レ道。泉云ク、平常心是レ道。州云ク、還ツテ趣向スベキヤ否ヤ。泉云ク、向ハント擬スレバ即チ乖ク。

州云、「不擬、爭知是道？」
泉云、「道不屬知、不屬不知。知是妄覺、不知是無記。若眞達不擬之道、猶如太虚廓然洞豁、豈可强是非也？」
州於言下頓悟。

無門曰、南泉被趙州發問、直得瓦解氷消、分疎不下。趙州縱饒悟去、更參三十年始得。

頌曰、

春有百花秋有月、
夏有涼風冬有雪。

州云ク、擬セズンバ、爭(イカデ)カ是レ道ナルコトヲ知ラン。
泉云ク、道ハ知ニモ屬セズ、不知ニモ屬セズ。知ハ是レ妄(マウ)覺、不知ハ是レ無記。若シ眞ニ不擬ノ道ニ達セバ、猶ホ太虚ノ廓然(ネン)トシテ洞豁(クワツ)ナルガ如シ、豈强ヒテ是非スベケンヤ。
州、言(ゴン)下ニ於テ頓悟ス。

無門曰ク、南泉、趙州ニ發問セラレテ、直ニ得タリ瓦解(ゲ)氷消、分疎不下(ゲ)ナルコトヲ。趙州、縱饒(タトヒ)悟リ去ルモ、更ニ三十年ヲ參ジテ始メテ得ン。

頌ニ曰ク、

春ニ百花アリ秋ニ月アリ、
夏ニ涼風アリ冬ニ雪アリ。

若無閒事挂心頭、
更是人間好時節。

若シ閒事ノ心頭ニ挂(カカ)ル無クンバ、
便(スナハ)チ是レ人間ノ好時節。

二〇　ちからのある者

松源和尚がいわれた、「ちからのある者が、どうして立ちあがれないのか？」また「説法は演説じゃないぞ」

無門いわく——松源は腹わたをむき出しだが、受けとり手がいないのだ。オイソレとひき受けても、無門のところにきてブンなぐられるだけ。なぜならば？　純金かニセか、火でためすのだ。

歌に——

足でけかえす太平洋、
低く見くだす銀河系。
この身一つの置きどころ、
（あとの句をたのむ。）

〔註〕松源とは杭州霊隠寺の崇岳禅師、南宋時代の人。「太平洋・銀河系」としたのは原文では「香水海・四禪天」で、もちろん大きいものの形容だから現代化して訳した。「あとの句」の一例——「ご免こうむる座禅堂。」

二十　大力量人

松源和尚云ク、大力量ノ人、甚ニ因ッテ脚ヲ擡ゲ起サザル。又云ク、口ヲ開クコトハ舌頭上ニ在ラズ。

無門曰ク、松源謂ツベシ腸ヲ傾ケ腹ヲ倒スト、只是レ人ノ承當スルヲ欠ク。縱饒直下ニ承當スルモ、正ニ好シ無門ノ處ニ來ラバ痛棒ヲ喫セン。何ガ故ゾ、聻。眞金ヲ識ラント要セバ、火裏ニ看ヨ。

第二十　大力量人

松源和尙云、「大力量人、因甚擡脚不起？」又云、「開口不在舌頭上。」

無門曰、松源可謂傾腸倒腹、只是欠人承當。縱饒直下承當、正好來無門處喫痛棒。何故聻？要識眞金、火裏看。

頌曰、

擡脚踏翻香水海、
低頭俯視四禪天。
一箇渾身無處著、
（請續一句。）

頌ニ曰ク、

脚ヲ擡ゲ踏翻ス香水海、
頭(カウベ)ヲ低(タ)レテ俯シテ視ル四禪天。
一箇ノ渾身著クルニ處無シ、
（請フ一句ヲ續(ツ)ゲ。）

二一　雲門のクソベラ

雲門に坊ずがきいた、「どんなのが仏で？」

雲門「クソかきベラよ」

無門いわく――雲門はいわば貧乏人の有る物食い、急ぎのときの走り書き、無ぞうさにクソベラでもってつっかい棒した。仏教のノルかソルかだ。

歌に――

いなずまや、
石火花。
まばたけば、
はやかなた。

第二十一　雲門屎橛

雲門、因僧問、「如何是佛？」門云、「乾屎橛。」

無門曰、雲門可謂、家貧難辨素食、事忙不及草書、動便將屎橛來撐門拄戶。佛法興衰可見。

頌曰、
閃電光、
擊石火。

二十一　雲門屎橛(シケツ)

雲門、因ミニ僧問フ、如何ナルカ是レ佛。門云ク、乾屎橛。

無門云ク、雲門謂ツベシ、家貧ニシテ素食(ジキ)ヲ辨ジ難シ、事忙ウシテ草書スルニ及バズ、動(ヤヤ)モスレバ便チ屎橛ヲ將チ來ツテ門ヲ撐(ササ)ヘ戶(コ)ヲ拄(ササ)フ。佛法ノ興衰見ツベシ。

頌ニ曰ク、
閃電光、
擊石火。

貶得眼、
已蹉過。

眼(マナコ)ヲ貶(サツ)得スレバ、
已ニ蹉(シャ)過ス。

二二　カショウ（迦葉）の説教旗

カショウ（迦葉）にアナン（阿難）がたずねる、「おシャカ（釈迦）さまは金ランのケサ（袈裟）のほかに、何をくださいました？」

カショウはさけんだ、「アナン！」

アナンはハイという。

カショウがいった、「説教旗はもうおろそうよ」

無門いわく——もしこの点にピタリと言い切りができれば、おシャカさまの説教をそのまま目に見るようだ。もしそうでないと、ビバシ（毘婆尸）このかた心がけても、今の今まで悟れはしない。

歌に——

問いしにまさる答えかな、

ここを見かねた人あまた。
あに弟子おととのやり取りに、
浮き世ばなれの春のさた。

〔註〕カショウとアナンはシャカの弟子。アナンはシャカのいとこであるが、カショウのあとをつぎ第二祖となった。ビバシは「過去七仏」の第一仏。

二十二　迦葉刹竿（セッカン）

迦葉、因ミニ阿難問ウテ云ク、世尊金襴ノ袈裟ヲ傳フル外、別ニ何物ヲカ傳フ。葉喚ンデ云ク、阿難。

阿難應諾ス。

葉云ク、門前ノ刹竿ヲ倒却著セヨ。

第二十二　迦葉刹竿

迦葉、因阿難問云、「世尊傳金襴袈裟外、別傳何物？」葉喚云、「阿難。」

阿難應諾。

葉云、「倒却門前刹竿著。」

無門曰、若向者裏下得一轉語親切、便見靈山一會儼然未散。其或未然、毘婆尸佛早留心、直到而今不得妙。

頌曰、

問處何如答處親、
幾人於此眼生筋。
兄呼弟應揚家醜、
不屬陰陽別是春。

無門曰ク、若(モ)シ者裏ニ向ツテ一轉語ヲ下シ得テ親切ナラバ、便チ靈山(リヤウゼン)見ノ一會(ヱ)儼然未散ナルコトヲ見ン。其レ或ハ未ダ然ラズンバ、毘婆尸(ビバシ)佛早ク心ヲ留ムルモ、直ニ而(ニ)今ニ到ツテ妙ヲ得ズ。

頌ニ曰ク、

問處(ジョ)ハ何ゾ答處ノ親シキニ如(シ)カン、
幾人カ此ニ於イテ眼ニ筋ヲ生ズ。
兄呼ビ弟應ジテ家醜ヲ揚グ、
陰陽ニ屬セズ別ニ是レ春。

二三　善も悪もない

六祖さまを慧明どのが大山越えまで追っかけたので、六祖さまは相手のくるのを見て、ころも（註を参照）と鉢を石の上におき、「ころもは心の物、取りあいはやめましょう。お持ち帰りください」

慧明は手をかけたが、山のようで動かず、おじ毛をふるった。かれはいう、「求めるのは道で、ころもじゃないんだ。おみちびきを願いたい」

六祖「心に善も悪もない、といった時に、慧明どのの真のすがたはどんなです？」

慧明はその場で悟り、グッショリとアセをかき、泣く泣くおじぎをしていう、「おっしゃった秘伝のほかに、まだお教えがありますか？」

六祖「わたしの申しあげるのは、秘伝じゃありません。あなたがじぶんの身をかえり見れば、秘伝は身にあるでしょう」

慧明「わたしは五祖さまの下で修行しながら、自分のすがたも知らずにいました。こうしておみちびきを受け、飲んでみて水の味がわかりました。これからあなたはわたしの先生です」

六祖「そうおっしゃるなら、ごいっしょに五祖さまの教えを受け、しっかりやりましょう」

無門いわく——六祖さまはいわば取りこみのある時の、世話やきばあさんだ。たとえばもぎたてのレイシの実の皮をむき、タネをぬき、くちに入れてくれるようで、あとはただのみくだすだけ。

歌に——

すがたつかめず絵にならず、
むりにほめてもまにあわず。
真のすがたはありありと、
世は破れても失わず。

〔註〕六祖さまとは、ダルマから六代目の慧能禅師。貧乏な境遇で、黄梅山という寺の米つき男などしていたが、そこの弘忍禅師（五祖）に見出されてあとつぎとなった。そのしるしの「ころも」をもらった時、ねたまれないようによ

そに逃げたところ、慧明（えみよう）が追っかけてきたのである。

第二十三　不思善惡

六祖、因明上座趁至大庾嶺、祖見明至、卽擲衣鉢於石上云、「此衣表信、可力爭耶？　任君將去。」

明遂擧之、如山不動、踟蹰悚慄。明曰、「我來求法、非爲衣也。願行者開示。」

祖云、「不思善不思惡、正與麼時、那箇是明上座本來面

二十三　不思（フシ）善惡

六祖、因ミニ明（ミヤウ）上座趁（オ）ウテ大庾（ユ）嶺ニ至ル、祖、明ノ至ルヲ見テ、卽チ衣（エ）鉢ヲ石上ニ擲ッテ云ク、此ノ衣ハ信ヲ表ス、力ヲモテ爭フベケンヤ。君ガ將チ去ルニ任ス。

明、遂ニ之ヲ擧グルニ、山ノ如クニシテ動カズ、踟（チ）蹰悚慄（チウショウリツ）。明曰ク、我レ來ッテ法ヲ求ム、衣ノ爲ニスルニアラズ。願ハクハ行者開示シタマヘ。

祖云ク、不思善不思惡、正與麼（モ）ノ時、那箇カ是レ明上座ガ本來ノ面目。

目？」

明當下大悟、遍體汗流、泣涙作禮問曰、「上來密語密意外、還更有意旨否？」

祖曰、「我今爲汝説者、卽非密也。汝若返照自己面目、密却在汝邊。」

明云、「某甲雖在黄梅隨衆、實未省自己面目。今蒙指授入處、如人飲水冷暖自知。今行者卽是某甲師也。」

祖云、「汝若如是、則吾與汝同師黄梅、善自護持。」

明、當下ニ大悟、遍體汗流ル。泣涙作禮シテ問ウテ曰ク、上來ノ密語密意ノ外、還ツテ更ニ意旨アリヤ否ヤ。

祖曰ク、我レ今汝ガ爲ニ説ク者ハ、卽チ密ニ非ザルナリ。汝若シ自己ノ面目ニ返照セバ、密ハ却ツテ汝ガ邊ニ在ラン。

明云ク、某甲(ソレガシ)黄梅ニ在ツテ衆ニ隨フト雖モ、實ニ未ダ自己ノ面目ヲ省セズ。今入(ニュッ)處ヲ指授スルコトヲ蒙ツテ、人ノ水ヲ飲ンデ冷暖自知スルガ如シ。今行者ハ卽チ是レ某甲ガ師ナリ。

祖云ク、汝若シ是ノ如クナラバ、則チ吾ト汝ト同ジク黄梅ヲ師トシ、善ク自ヲ護持セン。

無門曰、六祖可謂是事出急家、老婆心切。譬如新茘支剝了殼、去了核、送在你口裏、只要你嚥一嚥。

頌曰、

描不成兮畫不就、
贊不及兮休生受。
本來面目沒處藏、
世界壞時渠不朽。

無門曰ク、六祖謂ツベシ、是ノ事ハ急家ヨリ出ヅト、老婆心切ナリ。譬ヘバ、新茘支ノ殻ヲ剝ギ了リ、核ヲ去リ了ツテ、你ガ口裏ニ送在シテ、只你ガ嚥一嚥センコトヲ要スルガ如シ。

頌ニ曰ク、

描スレドモ成ラズ畫スレドモ就ラズ、
贊スルモ及バズ生受スルコトヲ休メヨ。
本來ノ面目藏スニ處ナシ、
世界壞スル時渠朽チズ。

二四　言葉を離れて

風穴和尚に、坊ずがきく、「口に出すと出さぬと、両方を生かす道は?」
風穴「思え、南の春さなか、シャコの鳥鳴き花かおる」

無門いわく——風穴の機転はいなづま、どちらにでも行くが、おしいことに前の人のくちまねで、切れない。もしこの点をよく見ぬけたら、大手をふって行けるわけ。まず言葉の世界をぬけ出て、ひと文句つけるがよい。

歌に——

本音をはかずに、
やんわり押さえつけ。
一席ぶつなぞ、
あまり芸がない。

〔註〕風穴和尚とは延沼禅師のこと。高等文官の試験にすべって坊ずになったという。

第二十四　離却語言

風穴和尚、因僧問、「語默渉離微、如何通不犯？」穴云、「長憶江南三月裏、鷓鴣啼處百花香。」

無門曰、風穴機如掣電、得路便行、争奈坐前人舌頭不斷。若向者裏見得親切、自有出身之路。且離却語言三昧、道將

二十四　離却語言

風穴和尚、因ミニ僧問フ、語默ハ離微ニ渉ル、如何ガ不犯ヲ通ゼン。穴云ク、長ヘニ憶フ江南三月ノ裏、鷓鴣啼ク處百花香シ。

無門曰ク、風穴、機、掣電ノ如ク、路ヲ得テ便チ行ク、争奈セン前人ノ舌頭ニ坐シテ斷ゼザルコトヲ。若シ者裏ニ向ッテ見得シテ親切ナラバ、自ラ出身ノ路アリ。且ク語言三昧ヲ離却シテ、一句ヲ道ヒ將チ

一句來。

頌曰、
不露風骨句、
未語先分付。
進歩口喃喃、
知君大罔措。

來レ。

頌ニ曰ク、
風骨ノ句ヲ露ハサズ、
未ダ語ラザルニ先ヅ分付ス。
歩ヲ進メテ口喃喃、
知ンヌ君ガ大イニ措クコト罔(ナ)キヲ。

二五　三の席で説法

仰山和尚（きょうざんおしょう）が、夢でミロクのところに行き、三の席につかされた。ひとりの役僧が、板を鳴らし、「今日は三の席さまの説法です」

仰山は立って、板を鳴らし、「大いなる教えは差別もなく、区別もない。よく聞け、よく聞け！」

無門いわく――いったい、こりゃ説法といえるかな？　いえばはずれる、いわねばうせる。いわずだまらず、なお十万里。

歌に――

まっぴる日なかに、
寝ぼけた話。
これて丸めて、

信者をだまし。

〔註〕仰山とは、仰山に居た慧寂(えじゃく)禅師、唐のころの人。

第二十五　三座説法

仰山和尚、夢見往彌勒所、安第三座。有一尊者、白槌云、「今日當第三座説法。」山乃起、白槌云、「摩訶衍法、離四句、絶百非。諦聽、諦聽！」

無門曰、且道、是説法不説法？　開口卽失、閉口又喪。不開不閉、十萬八千。

二十五　三座説法

仰山(キャウザン)和尚、夢ニ彌勒ノ所ニ往イテ、第三座ニ安ゼラル。一尊者アリ、白槌(ヒャクツキ)シテ云ク、今日第三座ノ説法ニ當ル。山乃チ起ッテ、白槌シテ云ク、摩訶衍ノ法ハ、四句ヲ離レ、百非(ビ)ヲ絶ス。諦(タイ)聽、諦聽。

無門曰ク、且(シバラ)ク道(イ)ヘ、是レ説法カ不説法カ。口ヲ開ケバ卽チ失シ、口ヲ閉ヅレバ又喪ス。開カズ閉ヂザルモ、十萬八千。

頌曰、
白日青天、
夢中說夢。
捏怪捏怪、
誑謼一衆。

頌ニ曰ク、
白日青天、
夢中ニ夢ヲ說ク。
捏(ネツ)怪捏怪、
一衆ニ誑謼(コ)ス。

二六　坊ず二人、スダレをまく

清涼院の坊さまは、坊ずが食事前にきたので、手でスダレを指さした。坊ずは二人いたが、二人ともスダレをまく。坊さま、「片方よし、片方ダメ」

無門いわく——いったい、どっちがよく、どっちがダメか？　この点にシッカリと目がつけられたら、清涼さまのヘマなところがわかる。それはそうだが、ウマイとかダメとかの議論は無用じゃ。

歌に——

まけばカラリと青い空、
空もわれらの胸（宗）のほか。
いっそ空まで打ちすてて、
風も通さぬほどのよさ。

〔註〕清涼院の坊さまとは、法眼(ほうげん)宗を始めた大法眼禅師、五代周のころの人。

第二十六　二僧卷簾

清涼大法眼、因僧齋前上參、眼以手指簾。時有二僧、同去卷簾。眼云、「一得一失。」

無門曰、且道、是誰得誰失？若向者裏著得一隻眼、便知清涼國師敗闕處。然雖如是、切忌向得失裏商量。

二十六　二僧卷簾(ケンレン)

清涼ノ大法眼、因ミニ僧、齋前ニ上參ス、眼(ゲン)手ヲ以テ簾ヲ指ス。時ニ二僧アリ、同ジク去ッテ簾ヲ卷ク。眼云ク、一得一失。

無門曰ク、且(シバラ)ク道(イ)ヘ、是レ誰カ得誰カ失。若シ者裏ニ向ッテ一隻眼ヲ著得セバ、便(スナハ)チ清涼國師ノ敗闕ノ處ヲ知ル。然モ是(カク)ノ如クナリト雖モ、切ニ忌ム得失裏ニ向ッテ商量スルコトヲ。

頌曰、

巻起明明徹太空、
太空猶未合吾宗。
争似従空都放下、
綿綿密密不通風。

頌ニ曰ク、

巻起スレバ明明トシテ太空ニ徹ス、
太空猶ホ未ダ吾ガ宗ニ合（カナ）ハズ。
争（イカデ）カ似（シ）カン空ヨリ都テ放下（ゲ）シテ、
綿綿密密風ヲ通ゼザランニハ。

二七　心も仏もない

南泉和尚(おしょう)に、坊ずがきいた、「人にきかせない説法がありますかね？」
南泉「ある」
坊ず「どんなのが人にきかせない説法で？」
南泉「心もなく、仏もなく、物もなしじゃ」
無門いわく――南泉はこの坊ずにきかれて、とうとう取っておきをはたき、えらい損をした。
歌に――

クドクド説くは損、
いわぬが真の得。
海山変わるとも、

わからずお気の毒。

第二十七　不是心佛

南泉和尚、因僧問、「還有不與人說底法麼?」泉云、「有。」

僧云、「如何是不與人說底法?」

泉云、「不是心、不是佛、不是物。」

無門曰、南泉被者僧一問、直得揣盡家私、郎當不少。

二十七　不是(ぜ)心佛

南泉和尚、因ミニ僧問ウテ、還ッテ人ノ與(タメ)ニ說カザル底ノ法アリヤ。泉云ク、有リ。

僧云ク、如何ナルカ是レ人ノ與ニ說カザル底ノ法。

泉云ク、不是心、不是佛、不是物(モツ)。

無門曰ク、南泉者(コ)ノ僧ノ一問ヲ被リテ、直ニ得タリ家私ヲ揣(シ)盡シテ、郎當少カラザルコトヲ。

頌曰、
叮嚀損君德、
無言眞有功。
任從滄海變、
終不爲君通。

頌ニ曰ク、
叮嚀ハ君(クン)德ヲ損ズ、
無言眞ニ功アリ。
任從(サモアラバアレ)滄海ハ變ズルトモ、
終ニ君ガ爲ニ通ゼズ。

二八　有名な龍潭（りゅうたん）

龍潭（りゅうたん）は、徳山（とくさん）が習いにきて晩になったのでいった。「夜もふけた、そなたもひきとらないか？」

徳山は「おやすみ」をいい、スダレを上げて出る。見ると外は暗いので、ひき返していう、「そとは暗くて」

龍潭は手燭（てしょく）をともして渡す。徳山がもらいかけると、龍潭は吹き消す。徳山はそこでフッと悟り、おじぎをした。

龍潭「そなたは何か悟れたのかな？」

徳山「わたくしはこれからもう、世の大坊さまの言葉を疑いません」

そのあくる日、龍潭は高座に出ていう。「ここに男が一人、歯はつるぎのよう、口は血の鉢のようで、棒をくらわしてもふり向かぬ。やがてそのうち、お山のてっぺんに旗を立てるじゃろう！」

徳山は参考の書物を広間の前に出し、一本のタイマツを手に持って、「理論の研究も、大空に毛すじくらいのもの。実地の調査も、谷底にひとしずくの程度だ」と、参考書を焼き、そのままおいとました。

無門いわく——徳山はくににいたころから、思いきり言ってやりたいと、張りきって南にきて、「リクツぬき」主義をやっつけるつもりだった。澧州の街道にきたとき、ばあさんからモチを買った。

ばあさん「坊さまの背おったのは、なんの書き物で？」

徳山「金剛経の参考書だ」

ばあさん「そのお経にありますね、——過ぎた気持ちわからず、いまの気持ちわからず、のちの気持ちわからず。——坊さまのおモチはどの気もちです？」

徳山はこのばあさんに一本やられ、すっかり「へ」の字口になった。だがそれにしても、ばあさんにやりこめられてまいるのはシャクだと、こうたずねた、「近所に先生でもいるんだろ？」

ばあさん、「一里行けば、龍潭さまがいなさる」

龍潭をたずねたが、さんざん負けた。「さっきのじまんはどうしたの？」というところ。

龍潭はまるで子にあまい親バカのようで、かれにすこし火の気があると見るや、すぐにドブ水を、頭からひっかけて消した。ひややかに見れば、おかしな芝居。

歌に――

聞くより見るがまし、
見るより聞くがまし。
鼻だけ助けたが、
こんどは目をつぶし。

〔註〕龍潭も徳山も唐の末ごろの人。徳山は初め理論家で、実際家たちを学問で負かしてやろうと思って、蜀（今の四川省あたり）から澧州（今の湖南）にやって来た。

第二十八　久響龍潭

龍潭、因徳山請益抵夜。潭云、

二十八　久響龍潭

龍潭、因ミニ徳山請益シテ夜ニ抵ル。潭云ク、夜深

「夜深、子何不下去？」

山遂珍重、掲簾而出。見外面黑、却回云、「外面黑。」

潭乃點紙燭度與。山擬接、潭便吹滅。山於此忽然有省、便作禮。

潭云、「子見箇甚麼道理？」

山云、「某甲從今日去、不疑天下老和尚舌頭也。」

至明日、龍潭陞座云、「可中有箇漢、牙如劒樹、口似血盆、一棒打不回頭。他時異日、向孤峰頂上立吾道在！」

山遂取疏抄於法堂前、將一炬

ケタリ、子（ナンヂ）何ゾ下リ去ラザル。

山遂ニ珍重シテ、簾ヲ掲ゲテ出ヅ。外面ノ黑（クラ）キヲ見テ、却回（キャウエ）シテ云ク、外面黑シ。

潭乃チ紙燭ヲ點ジテ度與ス。山接セント擬ス、潭便チ吹滅（スイ）ス。山此ニ於テ忽然トシテ省アリ、便チ作禮（サライ）ス。

潭云ク、子（ナンヂ）箇ノ甚麼（ナニ）ノ道理ヲカ見ル。

山云ク、某甲（ソレガシ）今日ヨリ去ッテ、天下ノ老和尚ノ舌頭ヲ疑ハザルナリ。

明日ニ至ッテ、龍潭陞座（シンゾ）シテ云ク、可（コ）ノ中箇ノ漢有リ、牙（ゲ）劒樹ノ如ク、口血盆ニ似タリ、一棒ニ打テドモ頭ヲ回（メグ）ラサズ。他時異日、孤峰頂上ニ向ッテ吾ガ道ヲ立スルコト在ラン。

山遂ニ疏抄（ショセウ）ヲ取ッテ法堂（ハッタウ）ノ前ニ於イテ、一炬（コ）火ヲ將

火提起云、「窮諸玄辨、若一毫致於太虛。竭世樞機、似一滴投於巨壑。」將疏抄便燒、於此禮辭。

無門曰、德山未出關時、心憤憤口悱悱、得得來南方、要滅却教外別傳之旨。及到澧州路上、問婆子買點心。

婆云、「大德匣子內、甚麼文字?」

山云、「金剛經疏抄。」

婆云、「只如經中道、過去心不可得、現在心不可得、未

ツテ提起シテ云ク、諸ノ玄辨ヲ窮ムルモ、一毫ヲ太虛ニ致クガ如シ。世ノ樞機ヲ竭クスモ、一滴ヲ巨壑ニ投ズルニ似タリト。疏抄ヲ將ツテ便チ燒キ、是ニ於テ禮辭ス。

無門曰ク、德山未ダ關ヲ出デザル時、心憤憤、口悱悱、得得トシテ南方ニ來ツテ、教外別傳ノ旨ヲ滅却セント要ス。澧州ノ路上ニ到ルニ及ンデ、婆子ニ問ウテ點心ヲ買フ。

婆云ク、大德匣子ノ內、甚麼ノ文字ゾ。

山云ク、金剛經ノ疏抄。

婆云ク、只經中ニ道フガ如キンバ、過去心不可得、現在心不可得、未來心不可得ト。大德那箇ノ心ヲカ

來心不可得。大德要點那箇心?」

德山被者婆子一問、直得口似扁擔。然雖如是、未肯向婆子句下死却、遂問婆子、「近處有甚麼宗師?」

婆云、「五里外、有龍潭和尙。」

及到龍潭、納盡敗闕。可謂是前言不應後語。

龍潭大似憐兒不覺醜、見他有些子火種、卽忙將惡水、驀頭一澆澆殺。冷地看來、一場好笑。

點ゼント要ス。

德山者(コ)ノ婆子ノ一問ヲ被ッテ、直ニ得タリ口扁擔(ヘンタン)ニ似タルコトヲ。然モ是(カク)ノ如クナリト雖モ、未ダ肯テ婆子ノ句下ニ向ッテ死却セズ、遂ニ婆子ニ問フ、近處ニ甚麼(ナン)ノ宗師カアル。

婆云ク、五里ノ外ニ、龍潭和尙アリト。

龍潭ニ到ルニ及ンデ、敗闕ヲ納(イ)レ盡ス。謂ツベシ是レ前言(ゴン)、後語(ゴ)ニ應ゼズト。

龍潭大イニ兒ヲ憐ンデ醜キヲ覺エザルニ似タリ、他ノ些子ノ火種アルヲ見テ、卽忙ニ惡水ヲ將ッテ、驀頭(マク)ニ一澆(ゲウ)ニ澆殺ス。冷地ニ看來ラバ、一場ノ好笑ナラン。

頌曰、
聞名不如見面、
見面不如聞名。
雖然救得鼻孔、
争奈瞎却眼睛。

頌ニ曰ク、
名ヲ聞カンヨリハ面（オモテ）ヲ見ンニハ如カズ、
面ヲ見ンヨリハ名ヲ聞カンニハ如カズ。
然モ鼻孔ヲ救ヒ得ルト雖モ、
争奈（イカン）セン眼睛ヲ瞎（カツ）却スルヲ。

二九　風でも旗でもない

六祖さまは、風に動く寺の旗を、ふたりの坊ずが議論し、ひとりは旗が動く、ひとりは風が動くと、おたがいケリがつかないので、いうには、「風も動かず、旗も動かず、人の心が動く！」

ふたりはヒヤッとした。

無門いわく――風も動かず、旗も動かず、心も動かねば、祖師さまはどうなるか？　もしこの点をシッカリ見ぬけば、ふたりの坊ずは掘り出し物をし、祖師さまはこらえきれなくて、とんだソソウしたとわかる。

歌に――

風・旗・心、
一度にごめん。

口をたたけば、
　ウッカリ失言。
　〔註〕六祖さま、祖師とあるのは、前に出た慧能(えのう)禅師のこと。

第二十九　非風非幡

六祖、因風颺刹幡、有二僧對論、一云幡動、一云風動、往復未曾契理、祖云、「不是風動、不是幡動、仁者心動！」

二僧悚然。

　無門曰、不是風動、不是幡動、不是心動、甚處見祖師？

二十九　非風非幡(ハン)

六祖、因ミニ風、刹幡(セッパン)ヲ颺(ア)グ、二僧アリ對論ス、一(ヒト)リハ云ク幡(ハタ)動クト、一(ヒト)リハ曰ク風動クト、往復シテ未ダ曾テ理ニ契(カナ)ハズ、祖云ク、是レ風ノ動クニアラズ、是レ幡ノ動クニアラズ、仁者ガ心動クナリト。

二僧悚(ショウ)然タリ。

　無門曰ク、是レ風ノ動クニアラズ、是レ幡ノ動クニアラズ、是レ心ノ動クニアラズンバ、甚(ナン)ノ處ニカ

若向者裏見得親切、方知二僧買鐵得金、祖師忍俊不禁、一場漏逗。

頌曰、

風幡心動、
一狀領過。
只知開口、
不覺話墮。

祖師ヲ見ン。若シ者裏ニ向ツテ見得シテ親切ナラバ、方ニ知ラン二僧ハ鐵ヲ買ツテ金ヲ得、祖師ハ忍俊不禁、一場ノ漏逗ナルコトヲ。

頌ニ曰ク、

風幡心動、
一狀ニ領過ス。
只口ヲ開クコトヲ知ツテ、
話墮（ワダ）スルコトヲ覺エズ。

三〇　心が仏

馬祖（ばそ）さまは、弟子の大梅（たいばい）が、「どんなのが仏で？」ときくので、いうには「心が仏じゃ」

無門いわく――もしすなおに受け取ることができれば、ころもを着、お供えを食べ、教えの話をし、修行をするだけで、もう仏である。だがそれにしても、大梅はどれだけの人に出発点を誤らせたことか！「仏といっただけで、三日くちをすすぐ」ことを知るまい。男いっぴきなら、「心が仏」といわれたら、耳をおさえて出て行く。

歌に――

晴れたみ空に、
なぜケチつける？

「どんな物」とは、
図ぶといぬすと。

〔註〕馬祖さまとは六祖慧能禅師の法孫で、江西の道一禅師。唐の盛んなころの人で、俗姓を馬といった。大梅は明州（今の寧波）大梅山の法常禅師。

第三十　即心即佛

馬祖、因大梅問、「如何是佛？」祖云、「即心即佛。」

無門曰、若能直下領略得去、著佛衣、喫佛飯、説佛話、行佛行、即是佛也。然雖如是、大梅引多少人錯認定盤星？

三十　即心即佛

馬祖、因ミニ大梅問フ、如何ナルカ是レ佛。祖云ク、即心即佛。

無門曰ク、若シ能ク直下ニ領略シ得去ラバ、佛衣ヲ著ケ、佛飯ヲ喫シ、佛話ヲ説キ、佛行ヲ行ズル、即是佛ナラン。然モ是ノ如クナリト雖モ、大梅多少ノ人ヲ引イテ錯ツテ定盤星ヲ認メシム。争カ知ラン、

争知道「説箇佛字、三日漱口」？若是箇漢、見説「卽心卽佛」、掩耳便走。

頌曰、

青天白日、
切忌尋覓。
更問如何、
抱贓叫屈。

箇ノ佛ノ字ヲ說クモ、三日口ヲ漱グト道フコトヲ。若シ是レ箇ノ漢ナラバ、即心即佛ト說クヲ見バ、耳ヲ掩ウテ便チ走ラン。

頌ニ曰ク、

青天白日、
切ニ忌ム尋覓(ミャク)スルコトヲ。
更ニ如何ント問フハ、
贜ヲ抱イテ屈ト叫ブ。

三一　趙州、ばばを見破る

趙州（和尚）は、坊ずがばあさんに、「五台山へは、どう行きますか？」とききき、ばあさんが「まっすぐ行きなさい！」というので、ふた足み足行くと、ばあさんが、「坊さまのくせに、あんな道を行く！」――ということをひとりの坊ずから聞き、いわれるには、「それではわしがそのばあさんを見破ってやろう」

あくる日出かけて、同じように聞く。ばあさんの返事も同じ。

趙州はもどって、みなにいう、「五台のばあさんは、わしが見破ってやったよ」

無門いわく――ばあさんは戦争の手だてだけ知って、敵をとらえることを知らぬ。趙州さまは敵の巣にとびこむ計略はうまいが、どうもおとな気がない。よく調べると、どちらもぬかりがある。

ところで趙州が、ばあさんをとっちめたのはどこだろう？

歌に――

同じ問いかと、
答えも同じ。
飯に石あり、
泥にトゲあり！

第三十一　趙州勘婆

趙州、因僧問婆子、「臺山路、向甚處去?」婆云、「驀直去！」僧纔行三五歩、婆云、「好箇師僧、又恁麼去！」後有僧擧似州、州云、「待我去與你勘過這婆子。」

三十一　趙州勘婆(バ)

趙州、因ミニ僧、婆子ニ問フ、臺山ノ路、甚(ナン)ノ處ニ向ツテカ去ル。婆云ク、驀直去(マクヂキコ)。僧纔カニ行クコト三五歩、婆云ク、好箇ノ師僧、又恁麼(インモ)ニ去ル。後ニ僧アツテ州ニ擧似ス、州云ク、待テ我レ去ツテ你(ナンヂ)ガ與(タメ)ニ這(コ)ノ婆子ヲ勘過セン。

明日便去、亦如是問。婆亦如是答。

州歸、謂衆曰、「臺山婆子、我與你勘破了也。」

無門曰、婆子只解坐籌帷幄、要且著賊不知。趙州老人善用偸營劫寨乃機、又且無大人相。檢點將來、二倶有過。且道、那裏是趙州勘破婆子處？

頌曰、

問既一般、

答亦相似。

明日便チ去ッテ、亦是（カク）ノ如ク問フ。婆モ亦是ノ如ク答フ。

州歸ッテ、衆ニ謂ッテ曰ク、臺山ノ婆子、我レ你ガ與ニ勘破シ了レリ。

無門曰ク、婆子只坐（キ）ナガラ籌ヲ帷幄ニ解シテ、要且ツ賊ヲ著クルコトヲ知ラズ。趙州老人善ク營ヲ偸ンデ寨ヲ劫カス機ヲ用ヒテ、又且ツ大人（ダイニン）ノ相無シ。檢點シ將チ來レバ、二（フタ）リ倶ニ過（トガ）アリ。且（シバラ）ク道（イ）へ、那裏カ是レ趙州、婆子ヲ勘破スル處ゾ。

頌ニ曰ク、

問既ニ一般、

答モ亦相似タリ。

飯裏有砂、
泥中有刺。

飯裏ニ砂アリ、
泥中ニ刺(ハリ)アリ。

三二　異教徒とシャカ

おシャカ（釈迦）さまに、ほかの教えの者が、「言葉はきかない、無言もきかない」ときいたが、シャカはジッとすわっているだけ。

その者は感心して、「おシャカさまは察しのよいかた、わたしも迷いから、悟りに入りました」とおじぎをして去った。

アナン（阿難）があとでシャカに「あの人は何が悟れて、感心して帰りましたか？」

シャカ「よい馬がムチを見ただけで走るように」

無門いわく――アナンはシャカの弟子なのに、異教徒の見識もないみたいだ。いったい、異教徒と仏弟子といくらの差があるのだ？

歌に――

やいばを歩き、
氷を渡り。
ハシゴ通らず、
ガケに手放し。

第三十二　外道問佛

世尊、因外道問、「不問有言、不問無言。」世尊據坐良久。

外道讃歎云、「世尊大慈大悲、開我迷雲、令我得入。」乃具禮而去。

阿難尋問佛、「外道有何所證、讃歎而去?」

三十二　外道問佛

世尊、因ミニ外道問フ、有言問ハズ、無言ヲ問ハズ。世尊據坐良久シウス。

外道讃歎シテ云ク、世尊大慈大悲、我ガ迷雲ヲ開イテ、我ヲシテ得入セシム。乃チ禮ヲ具シテ去ル。

阿難尋イデ佛ニ問フ。外道ニ何ノ所證アッテカ讃歎シテ去ル。」

世尊云、「如世良馬見鞭影而行。」

世尊云ク、世ノ良馬ノ鞭影ヲ見テ行クガ如シ。

無門曰、阿難乃佛弟子、宛不如外道見解。且道、外道與佛弟子相去多少？

無門曰ク、阿難ハ乃チ佛弟子、宛(アタカ)モ外道ノ見解(ゲ)ニ如カズ、且(シバラ)ク道(イ)ヘ、外(ゲ)道ト佛弟子ト相去ルコト多少ゾ。

頌曰、

劍刄上行、
氷稜上走。
不涉階梯、
懸崖撒手。

頌ニ曰ク、

劍刄(ニン)上ニ行キ、
氷稜上ニ走ル。
階梯ニ渉ラズ、
懸崖ニ手ヲ撒(サッ)ス。

三三　心でも仏でもない

馬祖さまは、坊さんが「どんなのが仏で？」と聞くので、いうには「心でも仏でもない」

無門いわく――もしこの点がわかれば、仏教は卒業だ。

歌に――

剣術使いに剣をやれ、
歌をやるなら歌よみに。
人と話すは三分かた、
明かすまいぞえ胸のうち。

第三十三　非心非佛

馬祖、因僧問、「如何是佛？」
祖曰、「非心非佛。」

無門曰、若向者裏見得、參學事畢。

頌曰、

路逢劍客須呈、
不遇詩人莫獻。
逢人且說三分、
未可全抛一片。

三十三　非心非佛

馬祖、因ミニ僧問フ、如何ナルカ是レ佛。祖曰ク、非心非佛。

無門曰ク、若シ者裏ニ向ツテ見得セバ、參學ノ事畢ンヌ。

頌ニ曰ク、

路ニ劍客ニ逢ハバ須ラク呈スベシ、
詩人ニ遇ハズンバ獻ズルコト莫カレ。
人ニ逢ウテハ且ク三分ヲ說ケ、
未ダ全ク一片ヲ抛ツベカラズ。

三四　チエが道ではない

南泉がいう、「心が仏ではなく、チエが道ではない」

無門いわく――南泉は「年よりのひや水」というやつで、ヘタな口をきいて、恥さらしをする。だがそれにしても、恩知らずが多い。

歌に――

晴れたら日が見える、
降ったら地がぬれる。
これほど聞かせても、
わからぬやつがいる。

第三十四　智不是道

南泉曰、「心不是佛、智不是道。」

無門曰、南泉可謂「老不識羞」、纔開臭口、家醜外揚。然雖如是、知恩者少。

頌曰、
天晴日頭出、
雨下地上濕。
盡情都說了、
只恐信不及。

三十四　智不是道

南泉曰ク、心是レ佛ニアラズ、智是レ道ニアラズ。

無門曰ク、南泉謂ツベシ老イテ醜ヲ識ラズト、纔カニ臭口ヲ開イテ、家醜ヲ外ニ揚グ。然モ是ノ如クナリト雖モ、恩ヲ知ル者ハ少シ。

頌ニ曰ク、
天晴レテ日頭出デ、
雨下ツテ地上濕フ。
情ヲ盡シテ都テ說キ了ル、
只恐ル信不及ナランコトヲ。

三五　お倩とぬけガラ

五祖さまが坊ずにきいた、「お倩はたましいが離れたが、どっちがほんものか？」

無門いわく——もしこの点でほんとがわかれば、ぬけガラとほんものは宿と客のようなもの。そこまでわからねば、バタバタしてまわるな。急にこの身がバラバラになる時、湯に入れられたカニのテンヤワンヤとなる、そのとき「聞かなかった」というな。

歌に——

ならぶは雲・月、
山・川、上下。
ありがたありがた、
二つで一つじゃ。

〔註〕ここの「五祖」は五祖山の法演禅師で、無門から五代前、北宋の末ごろ四川の人である。「お倩(せん)のたましいが離れた」というのは中国の怪談で、たましいだけが愛人について行き、本人はそのあいだ病気で寝ていた娘の話。やがてたましいが帰ってくると、二人の女が一人になったという。

第三十五　倩女離魂

五祖問僧云、「倩女離魂、那箇是眞底?」

無門曰、若向者裏悟得眞底、便知出殼入殼如宿旅舍。其或未然、切莫亂走。驀然地水火風一散、如落湯螃蟹七手八脚、那時莫言不道。

三十五　倩(セン)女離魂

五祖、僧ニ問ウテ云ク、倩女離魂、那箇カ是レ眞底。

無門曰ク、若シ者裏ニ向ッテ眞底ヲ悟リ得バ、便チ知ラン殼ヲ出デ殼ニ入ルコトハ旅舍ニ宿スルガ如クナルヲ。其レ或ハ未ダ然ラズンバ、切ニ亂走スルコト莫(ナ)カレ。驀然(マクネン)トシテ地水火風一散セバ、湯ニ落ツル螃蟹(バウカイ)ノ七手八脚ナルガ如クナラン、那時言フコト莫(ナ)カレ道(イ)ハズト。

頌曰、

雲月是同、
溪山各異。
萬福萬福、
是一是二。

頌ニ曰ク、

雲月是レ同ジク、
溪山各（オノオノ）異ナリ。
萬福萬福、
是レ一是レ二。

三六　エラぶつに出会う

五祖さまがいった、「エラぶつに出会ったら、シャべりもだまりもせず。いったい、どう応対するか?」

無門いわく――そのへんがうまく応対できたら、喜んでもいい。そこまで行けねば、せめて事ごとに目をはなすな。

歌に――

エラぶつ見たなら、
だまらずシャベクらず。
ポカリとなぐられ、
悟ればおそからず。

〔註〕　この五祖も五祖山の法演禅師。

第三十六　路逢達道

五祖曰、「路逢達道人、不將語默對。且道、將甚麼對？」

無門曰、若向者裏對得親切、不妨慶快。其或未然、也須一切處著眼。

頌曰、

路逢達道人、
不將語默對。

三十六　路逢達道

五祖曰ク、路ニ達道ノ人ニ逢ハバ、語默ヲ將ツテ對セズ。且(シバラ)ク道(イ)ヘ、甚麼(ナニ)ヲ將ツテカ對セン。

無門曰ク、若シ者裏ニ向ツテ對得シテ親切ナラバ、妨ゲズ慶快ナルコトヲ。其レ或ハ未ダ然ラズンバ、也(マ)タ須(スベカ)ラク一切處(ジョ)ニ眼ヲ著クベシ。

頌ニ曰ク、

路ニ達道ノ人ニ逢ハバ、
語默ヲ將ツテ對セズ。

攔腮劈面拳、
直下會便會。

攔腮劈(ランサイヘキ)面ニ拳ス、
直下(ヂキゲ)ニ會(ヱ)セバ便チ會セヨ。

三七　庭のサワラの木

趙州（和尚）は、坊ずに「ダルマさまはどんなつもりではるばるきましたか？」ときかれ、いうには、「庭のあのサワラの木さ」

無門いわく――趙州の答えの意味がシッカリわかったら、前にシャカもなく、あとにミロク（弥勒）もない。

歌に――

言えどものべず、
語れど合わず。
受け売りはムダ、
こだわりはヤブ。

第三十七　庭前柏樹

趙州、因僧問、「如何是祖師西來意?」州云、「庭前柏樹子。」

無門曰、若向趙州答處見得親切、前無釋迦、後無彌勒。

頌曰、

言無展事、
語不投機。
承言者喪、
滯句者迷。

三十七　庭前柏樹

趙州、因ミニ僧問フ、如何ナルカ是レ祖師西來意、

州云ク、庭前ノ柏樹子。

無門曰ク、若シ趙州ノ答處ニ向ツテ見得シテ親切ナラバ、前ニ釋迦無ク、後ニ彌勒無シ。

頌ニ曰ク、

言、事ヲ展ブルコト無ク、
語、機ニ投ゼズ。
言ヲ承クル者ハ喪シ、
句ニ滯ホル者ハ迷フ。

三八　牛が窓を通る

五祖さまはいう、「たとえば大牛が窓格子（ごうし）を通り、ツノも四つ足もみな通って、どうして尾っぽが通れないのか？」

無門いわく――もしこの点にどうにか見とおしがつけられ、言い切りができれば、社会の恩にむくい、人のためにもなる。もしそこまで行かねば、もっと尾っぽをながめねばならない。

歌に――

通れば穴に落ち、
もどればブチこわし。
尾っぽの一本が、
なんともさて怪し。

〔註〕この五祖も法演禅師のこと。

第三十八　牛過窓櫺

五祖曰、「譬如水牯牛過窓櫺、頭角四蹄都過了、因甚麼尾巴過不得？」

無門曰、若向者裏顚倒著得一隻眼、下得一轉語、可以上報四恩、下資三有。其或未然、更須照顧尾巴始得。

三十八　牛過窓櫺(レイ)

五祖曰ク、譬(タト)ヘバ水牯(コ)牛ノ窓櫺ヲ過グルガ如キ、頭(ヅ)角四蹄都テ過ギ了リ、甚麼(ナニ)ニ因ツテカ尾巴過グルコトヲ得ザル。

無門曰ク、若シ者裏ニ向ツテ轉倒ニモ一隻眼ヲ著得シ、一轉語ヲ下シ得バ、以ツテ上四恩ヲ報ジ、下三有ヲ資(タス)クベシ。其レ或ハ未ダ然(シカ)ラズンバ、更ニ須(スベカラ)ク尾巴ヲ照顧シテ始メテ得ベシ。

頌曰、
過去墮坑塹、
回來却被壞。
者些尾巴子、
直是甚奇怪。

頌ニ曰ク、
過ギ去レバ坑塹（キャウザン）ニ墮（オ）チ、
回リ來レバ却ッテ壞ラル。
者些（シャサ）ノ尾巴子、
直（ヂキ）ニ是レ甚ダ奇怪ナリ。

三九　雲門のタネあかし

雲門は、坊ずの問う、「光りあまねし河の砂、……」の文句の途中で、いきなりいう、「なんだ、張拙（ちょうせつ）先生の文句だな？」

坊ず「ハア」

雲門「ヘマな文句だ」

のちに、死心（ししん）（禅師）が問題にし、「いったい、どこがこの坊ずのヘマなのか？」

無門いわく——もしこの点で、雲門の手なみのすごさ、この坊ずなぜヘマをいったかがわかれば、天下の大先生になれる。もしわかっていないと、じぶんも助からぬ。

歌に——

流すつり糸、

欲(よく)からパクリ。
くちを開けば、
いのちがコロリ。

〔註〕張拙というのは、禅月大師の紹介で石霜(せきそう)禅師の弟子になった学者。死心とは、黄龍山の死心禅師。

第三十九　雲門話堕

雲門、因僧問、「光明寂照遍河沙」、一句未絶、門遽曰、「豈不是張拙秀才語？」

僧曰、「是。」

門云、「話堕也。」

後來、死心拈云、「且道、那

三十九　雲門話堕(ワダ)

雲門、因ミニ僧問フ、光明寂(ジャク)照遍河(ガ)沙。一句未ダ絶セザルニ、門遽カニ曰ク、豈是レ張拙秀才ノ語ニアラズヤ。

僧曰ク、是(ぜ)。

門云ク、話堕セリ。

後來、死心拈ジテ曰ク、且(シバラ)ク道(イ)ヘ、那裏カ是レ者(コ)ノ

裏是者僧話堕處?」

無門曰、若向者裏、見得雲門用處孤危、者僧因甚話堕、堪與人天爲師。若也未明、自救不了。

頌曰、

急流垂釣、
貪餌者著。
口縫纔開、
性命喪却。

僧話堕ノ處ゾ。

無門曰ク、若シ者裏ニ向ッテ、雲門ノ用處孤危、者ノ僧甚ニ因ッテカ話堕スルヲ見得セバ、人天ノ與(タメ)ニ師ト爲ルニ堪ヘン。若シ也(マ)タ未ダ明ラメズンバ、自救(グブ)不了。

頌ニ曰ク、

急流ニ釣ヲ垂ル、
餌ヲ貪ル者ハ著ク。
口縫纔カニ開ケバ、
性命喪却ス。

四〇　潙山、水瓶をけとばす

潙山和尚は、はじめ百丈の寺で食事かた（典座）をしていた。百丈は潙山（寺）のあるじを選ぼうと、かれに一の席（首座）とともに意見を発表させ、できるほうを行かせる。

百丈はそこで水瓶を地べたにおき、問題をだす、「水瓶といっていけなければ、おまえはなんとよぶ？」

一の席が申した、「木ぎれだともいえますまい」

百丈は潙山にきく。潙山は水瓶をけとばして出て行く。

百丈はニッコリし、「一の席はあの男に負けたな」と、かれを潙山（寺）のぬしにした。

無門いわく——潙山一生一代の元気でも、どうにも百丈のワナからとびだせない。よくしらべてみると、楽より苦労の人だ。なぜならば？　皿小鉢をすてて、鉄カセを荷なった。

歌に——

ザルやヒシャクをほうりだし、
スックと立てば邪魔もなし。
百丈越えもなんのその、
足にホトケをけっとばし。

〔註〕潙山は唐のころの福州の人、霊祐禅師といい、百丈山の懐海禅師の弟子。門人の迎山とともに「潙迎宗」の開祖。「一の席」（首座）とあるのは百丈の門人で華林の善覚という坊さん。

第四十　趯倒淨瓶

潙山和尚、始在百丈會中充典座。百丈將選大潙主人、乃請同

四十　趯倒浄瓶

潙山和尚、始メ百丈ノ會中ニ在ッテ典座ニ充ッ。百丈将ニ大潙ノ主人ヲ選バントス、乃チ請ジテ首座ト同

首座對衆下語、出格者可往。

百丈遂拈淨瓶置地上、設問云、「不得喚作淨瓶、汝喚作甚麼?」

首座乃云、「不可喚作木㮇也。」

百丈却問於山、山乃趯倒淨瓶而去。

百丈笑云、「第一座輸却山子也。」因命之爲開山。


無門曰、潙山一期之勇、爭奈跳百丈圈圚不出。檢點將來、便重不便輕。何故聻? 脫得盤頭、擔起鐵枷。


ジク衆ニ對シテ下語シテ、出格ノ者ハ往クベシト。

百丈遂ニ淨瓶ヲ拈ジテ地上ニ置イテ、問ヲ設ケテ云ク、喚ンデ淨瓶ト作スコトヲ得ザレ、汝喚ンデ甚麼(ナニ)トカ作(ナ)サン。

首座乃チ云ク、喚ンデ木㮇(トツ)ト作スベカラザルナリ。

百丈却ッテ山ニ問フ、山乃チ淨瓶ヲ趯倒シテ去ル。

百丈笑ッテ云ク、第一座、山子ニ輸(シュ)却セリ。因ッテ之ニ命ジテ開山ト爲ス。


無門曰ク、潙山一期(ゴ)ノ勇、爭奈(イカン)セン百丈ノ圈圚(キ)ヲ跳リ出デザルコトヲ。檢點シ將チ來レバ、重キニ便リシテ輕キニ便リセズ。何ガ故ゾ聻(ニイ)。盤頭ヲ脫得シテ鐵枷(カ)擔起ス。

頌曰、

颺下笊籬幷木杓、
當陽一突絶周遮。
百丈重關攔不住、
脚尖趯出佛如麻。

頌ニ曰ク、

笊籬(サウリ)幷ビニ木杓ヲ颺(ヤウ)下シテ、
當陽ノ一突周遮ヲ絶ス。
百丈ノ重關攔(サヘギ)レドモ住(トドマ)ラズ、
脚尖趯(テキ)出シテ佛麻ノ如シ。

四一　ダルマの心静め

ダルマ（達磨）さまがすわっていると、二祖さまが雪のなかでウデを切り、「わたしはまだ悩んでいます。心を静めてください」

ダルマ「心をだせ、静めてやろう」

二祖「さがしても、どうも見つかりません」

ダルマ「もう静めてやったぞ！」

無門いわく――歯っ欠けの異人おやじ、はるばる海を越えて、わざわざやってきたが、よけいなおセッカイというもの。しまいに弟子をひとり見つけたが、これがまた片輪者だった。ヘヘッ「三之助、四の字は知らず」だ！

歌に――

ダルマのおさとし、

事件を起こし。
寺はテンヤワンヤ、
火もとはおぬし。

〔註〕二祖さまとは神光慧可（もとの姓は姫）。インドからきたダルマ（第二十八祖）が中国では禅の初代の開祖で、慧可はそのあとをついだから二祖という。

第四十一　達磨安心

達磨面壁、二祖立雪斷臂云、

「弟子心未安。乞師安心。」

磨云、「將心來、與汝安。」

祖云、「覓心、了不可得。」

磨云、「爲汝安心竟！」

四十一　達磨安心

達磨面壁シ、二祖雪ニ立チ臂ヲ斷ツテ云フ、弟子心未ダ安カラズ。乞フ師、心ヲ安ンゼヨ。

磨曰ク、心ヲ將チ來レ、汝ガ與ニ安ンゼン。

祖曰ク、心ヲ覓ムルニ、了ニ不可得。

磨曰ク、汝ガ爲ニ安心シ竟ンヌ。

無門曰、缺齒老胡、十萬里航海、特特而來、可謂是無風起浪。末後接得一箇門人、又却六根不具。咦、謝三郎不識四字！

頌曰、

西來直指、
事因囑起。
撓聒叢林、
元來是你。

無門曰ク、缺齒ノ老胡、十萬里海ニ航シテ、特特トシテ來ル、謂ツベシ是レ風無キニ浪ヲ起スト。末後ニ一箇ノ門人ヲ接得スルニ、又却ツテ六根不具。咦(イイ)、謝三郎四字ヲ識ラズ。

頌ニ曰ク、

西來ノ直指(ヂキ)、
事(ジ)ハ囑ニ因ツテ起ル。
叢林ヲ撓聒(ネウクワツ)スルハ、
元來是レ你(ナンヂ)。

四二　女をよびさます

おシャカ（釈迦）さまは、あるときモンジュ（文殊）がホトケたちの集まり場に行き、ホトケたちがそれぞれさがるのに、女がただひとりおシャカさまの席近くに、ジッと目をつむっているので、モンジュからおシャカさまに、「なんで女がお席に近より、わたしはよれないのですか？」というと、おっしゃるには、「おまえ、この人に気づかせ、ふだんの気もちにならせて、たずねてみなさい」

モンジュは女のまわりをグルグルまわり、指をピョンと鳴らし、はては空にまであがって、あの手この手でやったが、それでもよびさませない。

おシャカさまは、「たとえ百人千人のモンジュでも、この女をよびさませはしまい。下の方、はるかさがって行ったところに、モウミョウボサツ（罔明菩薩）がおり、この女をよびさませるぞ」

とたんに、モウミョウさんが地からニョッコリ出て、おシャカさまにおじぎする。おシャカさまが言いつけると、モウミョウは女の前に行き、指をピョンと鳴らすと、女はそこでふだんの気もちになった。

無門いわく——おシャカおやじが、こうした芝居をやらかし、大げさだ。ところで、モンジュはホトケがたの先生だろうに、どうして女をよびさませないか？　モウミョウは、低いところのボサツ（菩薩）、それがどうしてさませる？　もしこの点がシッカリわかれば、因果な者でも、ドッシリと悟れる。

歌に——

さませた、さませぬは、
かれらの勝手。
おメンに鬼のメン、
負けてもおなぐさみ。

第四十二　女子出定

四十二　女子出定（ニョシュツヂヤウ）

世尊、昔因文殊至諸佛集處、
値諸佛各還本處、惟有一女人近
彼佛座、入於三昧、文殊乃白佛
云、「何女人得近佛座、而我不
得？」佛告文殊、「汝但覺此女
人、令從三昧起、汝自問之。」
文殊遶女人三匝、鳴指一下、
乃托至梵天、盡其神力、而不能
出。
世尊云、「假使百千文殊、亦
出此女人定不得。下方過四十二
億河沙國土、有罔明菩薩、能出
此女人定。」
須臾、罔明大士從地湧出、禮

世尊、昔因ミニ文殊、諸佛ノ集ル處ニ至リ、諸佛ノ
各(オノオノ)本處ニ還ルニ値(ア)フ、惟(タ)ダ一人ノ女人アッテ彼ノ佛
座ニ近ヅイテ、三昧ニ入ル、文殊乃チ佛ニ白(マヲ)シテ云ク、
何(イカ)ンゾ女人ハ佛座ニ近ヅクコトヲ得テ、我ハ得ザル。
佛、文殊ニ告ゲタマハク、汝但ダ此ノ女人ヲ覺マシテ、
三昧ヨリ起(タ)タシメテ、汝自ラ之ニ問ヘ。
文殊、女人ヲ遶(メグ)ルコト三匝(サウ)、指ヲ鳴ラスコト一下ス、
乃チ托シテ梵天ニ至ッテ、其ノ神力ヲ盡セドモ、出ダ
スコト能ハズ。
世尊云ク、假使(タトヒ)百千ノ文殊モ、亦此ノ女人ノ定(ヂヤウ)ヲ出
ダスコトヲ得ズ。下(ゲ)方四十二億河沙(ガ)ノ國土ヲ過ギテ、
罔明(マウミヤウ)菩薩アリ、能ク此ノ女人ノ定ヲ出ダサン。
須臾(シュユ)ニシテ、罔明大士地ヨリ湧出シテ、世尊ヲ禮拝

拜世尊。世尊勅罔明、罔明却至女人前、鳴指一下、女人於是從定而出。

無門曰、釋迦老子、做者一場雜劇、不通小小。且道、文殊是七佛之師、因甚出女人定不得？罔明、初地菩薩、爲甚却出得？若向者裏見得親切、業識茫茫、那伽大定。

頌曰、

出得出不得、
渠儂得自由。

ス。世尊罔明ニ勅ス、罔明却ツテ女人ノ前ニ至ツテ、指ヲ鳴ラスコト一下ス、女人是ニ於テ定ヨリ出ヅ。

無門曰ク、釋迦老子、者(コ)ノ一場ノ雜劇ヲ做ス、小小ニ通ゼズ。且(シバラ)ク道(イ)ヘ、文殊ハ是レ七佛ノ師、甚(ナン)ニ因ツテカ女人ノ定ヲ出ダシ得ザル。罔明ハ、初地ノ菩薩、甚トシテカ却ツテ出ダシ得タル。若シ者裏ニ向ツテ見得シテ親切ナラバ、業(ゴウ)識茫茫ナルモ、那伽(ギャ)大定ナラン。

頌ニ曰ク、

出得、出不得、
渠儂(カレワレ)自由ヲ得タリ。

神頭幷鬼面、
敗闕當風流。

神頭ツ幷ビニ鬼面、
敗闕風流ニ當ル。

四三　首山のシッペイ

首山和尚(しゅざんおしょう)は、シッペイを持ってみなに見せ、「おまえがたみな、これを竹ベラといえばこだわるし、竹ベラだといわねば離れる。おまえがたは、いったいなんとよぶのかな？」

無門いわく――竹ベラといえばこだわり、竹ベラといわねば離れる。いうてもいかんし、いわんでもいかん。サアいえサアいえ！

歌に――

シッペイ手にして、
サアサとせまる。
「離れ」と「こだわり」
おシャカもまいる。

〔註〕首山とは汝州（じょ）首山の省念禅師。宋時代の人で、風穴禅師の弟子。

第四十三　首山竹篦

首山和尚、拈竹篦示衆云、「汝等諸人、若喚作竹篦則觸、不喚作竹篦則背。汝諸人、且道喚作甚麼？」

無門曰、喚作竹篦則觸、不喚作竹篦則背。不得有語、不得無語。速道速道！

四十三　首山竹篦（シッペイ）

首山和尚、竹篦ヲ拈ジテ衆ニ示シテ云ク、汝等諸人、若シ喚ンデ竹篦ト作サバ則チ觸ル、喚ンデ竹篦ト作（ナ）サザレバ則チ背ク。汝諸人、且（シバラ）ク道（イ）ヘ喚ンデ甚麼（ナニ）トカ作サン。

無門曰ク、喚ンデ竹篦ト作サバ則チ觸ル、喚ンデ竹篦ト作サザレバ則チ背ク。有語スルコトヲ得ズ、無語スルコトヲ得ズ。速カニ道（イ）ヘ速カニ道（イ）ヘ。

頌曰、
拈起竹篦、
行殺活令。
背觸交馳、
佛祖乞命。

頌ニ曰ク、
竹篦ヲ拈起シテ、
殺活ノ令ヲ行ズ。
背觸交馳、
佛祖モ命ヲ乞フ。

四四　芭蕉和尚のツエ

芭蕉和尚（ばしょうおしょう）がみなにいうには、「ツエを持っている者には、わしからツエをあげよう。ツエを持たぬ者からは、わしがツエを取りあげるぞ」

無門いわく――おかげで川にハマらず、やみ夜の道も帰れる。だがツエと思ったら、地獄にまっさかさまだ！

歌に――

深間も浅瀬をも、
手に取るように知る。
天地のつっかい棒、
教えをひろめ行く。

〔註〕芭蕉和尚とは芭蕉山の慧清（えしょう）禅師。

第四十四　芭蕉拄杖

芭蕉和尚示衆云、「你有拄杖子、我與你拄杖子。你無拄杖子、我奪你拄杖子。」

無門曰、扶過斷橋水、伴歸無月村。若喚作拄杖、入地獄如箭！

頌曰、

諸方深與淺、

四十四　芭蕉拄杖

芭蕉和尚衆ニ示シテ云ク、你ニ拄杖子アラバ、我レ你ニ拄杖子ヲ與ヘン。你ニ拄杖子無クンバ、我レ你ガ拄杖子ヲ奪ハン。

無門曰ク、扶ケテハ斷橋ノ水ヲ過ギ、伴ウテハ無月ノ村ニ歸ル。若シ喚ンデ拄杖ト作サバ、地獄ニ入ルコト箭ノ如シ。

頌ニ曰ク、

諸方深ト淺ト、

都在掌握中。
撐天并拄地、
隨處振宗風。

都テ掌握ノ中ニ在リ。
天ヲ撐（ササ）ヘ并ビニ地ヲ拄（ササ）ヘ、
處ニ隨ツテ宗風ヲ振フ。

四五　ひととは誰のこと

東山（五祖山）の法演さまの言葉、「シャカもミロクも、ひとの召し使いだ。いったい、ひととは誰さんなのか？」

無門いわく——もし「ひと」がハッキリわかれば、ちょうど町の四つつじで父親に出会ったようなもので、その上、ほかの人に「どうでしょう」と聞くまでもない。

歌に——

ひとの弓ひくな、
ひとの馬のるな。
ひとのアラいうな、
ひとの事知るな。

〔註〕 法演さまは前に五祖さまとして出た。

第四十五　他是阿誰

東山演師祖云、「釋迦彌勒、猶是他奴。且道、他是阿誰？」

無門曰、若也見得他分曉、譬如十字街頭撞見親爺相似、更不須問別人道是與不是。

頌曰、

他弓莫挽、
他馬莫騎。

四十五　他是阿誰（タゼアスイ）

東山演師祖云ク、釋迦彌勒ハ、猶ホ是レ他ノ奴（ヌ）。且（シバラ）ク道（イ）ヘ、他ハ是レ阿誰（アタ）ゾ。

無門曰ク、若シ也（マ）タ他ヲ見得シテ分曉ナラバ、譬ヘバ十字街頭ニ親爺ニ撞見スルガ如キニ相似テ、更ニ別人ニ問ウテ是ト不是ヲ道（イ）フコトヲ須（モチ）ヒズ。

頌ニ曰ク、

他ノ弓ヲ挽クコト莫（ナ）カレ、
他ノ馬ニ騎（ノ）ルコト莫カレ。

他非莫辨、
他事莫知。

他ノ非ヲ辨ズルコト莫カレ、
他ノ事（ジ）ヲ知ルコト莫カレ。

四六　サオのてっぺんから

石霜和尚（せきそうおしよう）の言葉、「百尺のサオのてっぺんからどう足をだす？」

また古い坊さんが「のぼりつめたがアグラかき、うまくやったが値うちなし。のぼりつめても居ずわるな、広い世界に身を生かし」

無門いわく――足が進められ、身も返せるなら、どこでもうやまわれぬはずはない。それはそうだが、いったい、サオのてっぺんでどう足をだす、エエ？

歌に――

真理の目をつぶし、
あやまる出発点。
命（いのち）はない決心、
盲目の案内人。

〔註〕石霜さまとは石霜山に住んだ慶諸(けいしょ)禅師、唐時代の人。「古い坊さん」とは湖南長沙(ちょうしゃ)の景岑(けいしん)という人。

第四十六　竿頭進步

石霜和尚云、「百尺竿頭如何進步？」

又古德云、「百尺竿頭坐底人、雖然得入未爲眞。百尺竿頭須進步、十方世界現全身。」

無門曰、進得步、翻得身、更嫌何處不稱尊？然雖如是、且道、百尺竿頭如何進步、

四十六　竿頭進歩

石霜和尚云ク、百尺竿頭如何ンガ歩ヲ進メン。

又古徳云ク、百尺竿頭ニ坐スル底(テイ)ノ人、然モ得入スト雖モ未ダ眞ト爲サズ。百尺竿頭須ラク歩ヲ進ムベシ、十方世界ニ全身ヲ現ズ。

無門曰ク、歩ヲ進メ得、身ヲ翻ヘシ得バ、更ニ何ノ處ヲ嫌ウテカ尊ト稱セザラン。然モ是ノ如クナリト雖モ、且(シバラ)ク道(イ)ヘ、百尺竿頭如何ンガ歩ヲ進メン、

嗄？

頌曰、

瞎却頂門眼、
錯認定盤星。
棄身能捨命、
一盲引衆盲。

嗄（サ）。

頌ニ曰ク、

頂門ノ眼（マナコ）ヲ瞎却シテ、
錯ツテ定（ヂヤウ）盤星ヲ認ム。
身（シン）ヲ棄テ能ク命（メイ）ヲ捨テ、
一盲衆盲ヲ引ク。

四七　兜率の三問題

兜率こと従悦和尚は、三つの問題を修行者に持ちかけた。——

「草を分けて修行するのも本性を知るためだが、いま、そちらさまの本性はどこにある？」

「本性がわかれば生き死にを越えるが、目が黒くなくなったらどうして越える？」

「生き死にを越えれば行く先がわかるが、この身がくずれたらどこへ行く？」

無門いわく——もしこの三つの言い切りができれば、どこででも自分が先に立ち、場あい場あいをさばける。そこまで行けぬうちは、あらごなしの腹でなく、よくかんで腹をつくれ。

歌に——心一つに見とおせば、

遠い未来も今の今。
今ぞ見とおすこの心、
見る人までもとおすかな。

〔註〕兜率こと従悦さまとは、兜率という寺にいた坊さんで、宋の末ごろの人。

第四十七　兜率三關

兜率悦和尚、設三關問學者。「撥草參玄只圖見性、即今上人性在甚處？」「識得自性方脱生死、眼光落時作麼生脱？」「脱得生死便知去處、四大分離向甚處去？」

四十七　兜率三關

兜率悦和尚、三關ヲ設ケテ學者ニ問フ。撥草參玄ハ只見性ヲ圖ル、即今上人ノ性甚ノ處ニカ在ル。自性ヲ識得スレバ方ニ生死ヲ脱ス、眼光落ツル時作麼生カ脱セン。生死ヲ脱得スレバ便チ去處ヲ知ル、四大分離シテ甚ノ處ニ向ツテカ去ル。

無門曰、若能下得此三轉語、便可以隨處作主、遇縁卽宗。其或未然、麁飡易飽、細嚼難飢。

頌曰、

一念普觀無量劫、
無量劫事卽如今。
如今覷破箇一念、
覷破如今覷底人。

無門曰ク、若(モ)シ能ク此ノ三轉語ヲ下シ得バ、便チ以(モ)ツテ隨處ニ主ト作リ、縁ニ遇ウテハ宗ニ卽スベシ。其レ或ハ未ダ然ラズンバ、麁(ソ)飡(サン)ハ飽キ易ク、細嚼(シャク)ハ飢ヱ難シ。

頌ニ曰ク、

一念普(アマネ)ク觀ズ無量劫、
無量劫ノ事(ジ)、卽チ如(ニョ)今。
如今箇(コ)ノ一念ヲ覷(チョ)破スレバ、
如今覷(ミ)ル底(テイ)ノ人ヲ覷破ス。

四八　乾峰いちずの道

乾峰和尚は、坊ずが「いずこもホトケなり、いちずに悟る道、というその道はどこにありますか？」ときくので、ツエを手に持ち一の字を書いて「ここにあるよ」あとで坊ずが雲門にきくと、雲門はセンス（扇子）を手に持っていう、「センスがハネあがると、三十三の天までのぼり、帝釈さまの鼻の穴にささるね。東の海の大ざかなを、ピシャンとたたくと、雨がザアッとくるよ」

無門いわく――ひとりは深い海の底にもぐって、土ボコリを立たせ、ひとりは高い山の上に立って、波をわき立たせた。ひきよせとつっぱなしを、それぞれ片手でやり、教えを打ち立てたのは、ちょうど二人の飛脚が出会ったようだ。世間これほどズバリの人はあるまい。だがまともに見ると、ご両所とも、やはり道を知らぬところがある。

歌に——

　歩かぬ先に着いている、
　話さぬ先に述べている。
　たとえ先手(せんて)で押せたとて、
　もっとうわ手の人もいる。

〔註〕乾峰(けんぽう)和尚は、越州の坊さんで、瑞峰(ずいほう)ともよばれる。

第四十八　乾峰一路

乾峰和尚、因僧問、「十万薄伽梵、一路涅槃門、未審路頭在甚麼処？」峰拈起拄杖劃一劃云、「在者裏。」

後僧請益雲門、門拈起扇子云、

四十八　乾(ケン)峰一路

乾峰和尚、因ミニ僧問フ、十万薄伽(バギャ)梵、一路涅槃門、未審(イブカシ)路頭甚(ナン)麼ノ処ニカ在ル。峰、拄杖ヲ拈起シテ劃一劃シテ云ク、者裏ニ在リ。

後、僧、雲門ニ請(シン)益ス。門、扇子ヲ拈起シテ云ク、

「扇子跨跳、上三十三天、築著帝釋鼻孔。東海鯉魚、打一棒、雨似盆傾。」

無門曰、一人向深深海底行、簸土揚塵、一人於高高山頂立、白浪滔天。把定放行、各出一隻手、扶竪宗乘、大似兩箇馳子相撞著。世上應無直底人。正眼觀來、二大老、總未識路頭在。

頌曰

未擧歩時先已到、

扇子跨跳シテ、三十三天ニ上ッテ、帝釋ノ鼻孔ニ築著ス。東海ノ鯉魚、打ツコト一棒スレバ、雨、盆ノ傾クニ似タリ。

無門曰ク、一人ハ深深タル海底ニ向ッテ行キ、簸土揚塵ス、一人ハ高高タル山頂ニ於イテ立チ、白浪滔天ス。把定放行、各一隻手ヲ出ダシテ、宗乘ヲ扶竪ス、大イニ兩箇ノ馳子相撞著スルニ似タリ。世上應ニ直底ノ人無カルベシ。正眼ニ觀來レバ、二大老、總ニ未ダ路頭ヲ識ラザルコトアリ。

頌ニ曰ク、

未ダ歩ヲ擧セザル時先ヅ已ニ到リ、

未動舌時先説了。
直饒著著在機先、
更須知有向上竅。

未ダ舌ヲ動カサザル時先ヅ説キ了ル。
直饒(タトヒ)著著機先ニ在ルモ、
更ニ須(スベカ)ラク向上ノ竅(ケウ)アルコトヲ知ルベシ。

『禅宗無門関』原著者の序文

「かなめは仏と心、無門が法の門。」――門がないとなると、サテどこをどう通るか？　こうも言うている、「門から入るは宝でないぞ、世のでき事はやがて破れる。」こういう説きかたは、なぎの日に波、玉のハダにキズのよう。まして言葉にこだわり、センサクするとは！　棒で打つ月、カユいのに靴、とどきはしない。わたしは、紹定元年（一二二八）の夏、温州の龍翔寺をあずかり、僧たちがおそわるので、昔からの問題を取りあげ、入門の手だてとして、それぞれみちびいた。弟子たちが書き取ってしまい、いつしか本になった。あとさきの順もなかったが、みなで四十八まとまり、「無門関」と名をつけた。もしも男いっぴき、いのちをすてて、ふりかざして行けば、八本ウデのナタ太子も敵でなく、たとえインドのダルマ、中国の慧能でも、恐れいって「お助け」と言う。もしグズついていると、窓べを過ぎる馬のように、まばたきする間に、見うしなってしまう。

歌に――

真理に門なく、
道こそさまざま。
この関とおれば、
足音高らか。

禪宗無門關（自序）

「佛語心爲宗、無門爲法門。」既是無門、且作麼生透？豈不見道、「從門入者不是家珍、從縁得者始終成壞」？恁麼說話、大似無風起浪、好肉剜瘡。何況滯言句、覓解會！掉棒打月、隔靴爬痒、有甚交渉？慧開、

禪宗無門關（自序）

佛語心ヲ宗ト爲シ、無門ヲ法門ト爲ス。既ニ是レ無門、且ク作麼生カ透ラン。豈ニ道フコトヲ見ズヤ、門ヨリ入ル者ハ是レ家珍ニアラズ、縁ニ從ツテ得ル者ハ始終成壞スト。恁麼ノ說話、大イニ風無キニ浪ヲ起シ、好肉ニ瘡ヲ剜ルニ似タリ。何ゾ況ヤ言句ニ滯ツテ解會ヲ覓ムルヲヤ。棒ヲ掉ツテ月ヲ打チ、靴ヲ隔テテ痒ヲ爬ク、甚ノ交渉カ有ラン。慧開、紹定戊子ノ夏、東嘉

紹定戊子夏、首衆于東嘉龍翔、因衲子請益、遂將古人公案、作敲門瓦子、隨機引導。學者竟爾抄錄、不覺成集。初不以前後叙列、共成四十八則、通曰「無門關」。若是箇漢、不顧危亡、單刀直入、八臂那吒攔他不住、縱使西天四七、東土二三、只得望風乞命。設或躊躇、也似隔窓看馬騎、眨得眼來、早已蹉過。

頌曰、

大道無門、
千差有路。

ノ龍翔ニ首衆タリ、因ミニ衲子(ノッス)ノ請益ス、遂ニ古人ノ公案ヲ將(モ)ツテ、門ヲ敲(タタ)ク瓦子ト作シテ、機ニ隨ツテ引導ス。學者竟爾(ツヒ)ニ抄錄シテ、覺エズ集ヲ成ス。初メヨリ前後ヲ以ツテ叙列セズ、共ニ四十八則ト成シ、通ジテ無門關ト曰フ。若シ是レ箇ノ漢ナラバ、危亡ヲ顧(カヘリ)ミズ、單刀直入(ヂキニフ)セン、八臂ノ那吒(ナタ)他ヲ攔(サヘギ)レドモ住(トドマ)ラズ、縱使(タトヒ)西天ノ四七、東土ノ二三モ、只風(フウ)ヲ望ンデ命ヲ乞フヲ得ン。設(モ)シ或ハ躊躇セバ、也(マ)タ窓ヲ隔テテ馬騎ヲ看(ミ)ルニ似タリ、眼(マナコ)ヲ眨得(サツトク)シ來(キタ)ラバ、早ク已(スデ)ニ蹉(シャ)過セン。

頌(ジュ)ニ曰ク、

大道無門、
千差(シャ)路アリ。

透得此關、
乾坤獨歩。

此ノ關ヲ透得セバ、
乾坤ニ獨歩セン。

原著者あとがき

以上シャカや祖師がたの示された教えを、それぞれまとめたもので、もともと尾ヒレはない。脳天を割って、目玉も見せたし、どうかみなの人がすなおに受け入れ、迷いださないでほしい。道に通じたすぐれた人なら、話をきいただけでコツがわかる。なにも入り口なんかないし、階段をのぼるのでもない。大手で通りぬけ、番人などかまわぬ。玄沙（の師備）さまも言うたでないか、「入り口のないこそぬけ道、心だてしないのが悟り」と。白雲（の守端）さまも、「ハッキリわかっていながら、このところがどうして通れないのか？」と。こうした説きかたも、赤土に牛乳でクドい。入りぐちのない関所が通れたら、無門なんかとうにカスだ。入りぐちのない関所が通れないようでも、ふがいのない人だ。悟りすますのは楽だが、それぞれの世話はむずかしいもの。それぞれのことがわかれば、家も社会も平和になる。

時は紹定元年（一二二八）七月の十日

楊岐から八代の、無門こと僧慧開しるす

開無門後序

從上佛祖垂示機緣、據欵結案、初無剩語。揭翻腦蓋、露出眼睛、肯要諸人直下承當、不從他覓。若是通方上士、纔聞擧著便知落處。了無門戶可入、亦無階級可昇。掉臂度關、不問關吏。豈不見玄沙道、「無門解脫之門、無意道人之意」？ 又白雲道、「明明知道、只是者箇爲甚麼透不過？」 恁麼說話、也是赤土搽

開無門後序

從上佛祖ノ垂示機緣、欵ニ據ッテ案ニ結ス、初メヨリ剩語無シ。腦蓋ヲ揭翻シ、眼睛ヲ露出シテ、肯テ諸人直下ニ承當シテ、他ニ從ッテ覓メザランコトヲ要ス。若シ是レ通方ノ上士ナラバ、纔カニ擧著スルヲ聞イテ便チ落處ヲ知ラン。了ニ門戶ノ入ルベキ無ク、亦階級ノ昇ルベキ無シ。臂ヲ掉ッテ關ヲ度ッテ、關吏ヲ問ハズ。豈見ズヤ玄沙ノ道フコトヲ、無門ハ解脫ノ門、無意ハ道人ノ意ト。又白雲道フ、明明トシテ道ヲ知ル、只是レ者箇甚麼トシテカ透不過ナルト。恁麼ノ說話モ、也タ是レ赤土ニ牛嬭ヲ搽ル。若シ無門關ヲ透得セバ、

牛嬭。若透得無門關、早是鈍置無門。若透不得無門關、亦乃辜負自己。所謂涅槃心易曉、差別智難明。明得差別智、家國自安寧。

時紹定改元解制前五日

楊岐八世孫無門比丘慧開謹識

早ク是レ無門ヲ鈍置セン。若シ無門關ヲ透リ得ズンバ、亦乃チ自己ニ辜負セン。所謂涅槃心ハ曉(アキ)ラメ易ク、差(シャ)別智ハ明ラメ難シ。差別智ヲ明ラメ得バ、家國自ラ安寧ナラン。

時ニ紹定改元解制前五日

楊岐(ギ)八世ノ孫(ソン)無門比丘(ビク)慧開謹ミテ識ス

陳塤(ちんけん)の序文

無門(きまった入り口がない)といえば、世界じゅうの人がはいれるし、入り口があるとなれば、先生の立ち場はない。だいいち、よけいな評などこじつけるのが、帽子の上にまた帽子みたいだし、わしにほめろとむりにたのんでも、枯れ竹をしぼるものだよ。こうした手びき本があれば、わしがふり出すまでもない。ふり出して、ひとしずくでも世間には出すな――いかな名馬も追いつけはせぬ。

紹定元年(一二二八)七月三十日　習庵こと陳塤書く

〔註〕陳塤(よび名は和仲、号は習庵)は宋の嘉定(かてい)年間の進士(一級官)で、浙江(せっこう)の寧波の人。枢密院編集官などもした学者であるが、わざと俗語でこんなトボケた文を書いた。

習庵序

説道無門、盡大地人得入、説道有門、無阿師分。第一强添幾箇注脚、大似笠上頂笠、硬要習翁賛揚、又是乾竹絞汁。著得這些哮本、不消習翁一擲。一擲、莫教一滴落江湖、千里烏騅追不得。

紹定改元七月晦　習庵陳塤寫

習庵序

説イテ無門ト道(イ)ハバ、盡(ジン)大地ノ人得入(トクニフ)セン、説イテ有(ウ)門ト道ハバ、阿師ノ分無シ。第一ヨリ強ヒテ幾箇ノ注脚ヲカ添フ、大イニ笠上ニ笠ヲ頂クニ似タリ、硬ク習翁ガ賛揚ヲ要セバ、又是レ乾竹ニ汁ヲ絞ル。這些(シャサ)ノ哮(カウ)本ヲ著得(ヂャクトク)セバ、習翁ガ一擲ヲ消(モチ)ヒズ。一擲、一滴ヲシテ江湖ニ落サシムルコト莫(ナ)カレ、千里ノ烏(ウ)騅(スヰ)モ追フコトヲ得ズ。

紹(ゼウ)定改元七月晦(ツゴモリ)　習庵陳塤(ケン)寫ス

訳者あとがき

「門のない関」四十八ヵ所、読者が通れたら、訳者も通れた。読者がなければ訳者もないからだ。それはそうだが、読者の多くが仏教信者でないように、訳者も仏教の専門家ではない。ここまで通ってきてもまだ、「禅とはなにか」ときかれたら、世の坊さまがたの棒にたのむほかあるまい。

歌に——

ゼンもおハシも、
知らぬがホトケ。
ひとついかがと、
つかんで食わせ。

解説

中村 元

無門関は日本では昔からよく読まれる禅書であり、碧巌録や従容録と並んで有名である。これは南宋の禅僧であった無門慧開(一一八三—一二六〇)がシナの禅宗で昔から伝えられている「公案」すなわち問題としての話を四十八だけ集めて、これに自分の批評(評唱)及びうた(頌)をつけてまとめたものである。

禅宗の歴史においてこの書のもつ重要な意味については、専門の学者に聞かれたい。筆者はその任ではないからである。ただ以下においては、人間の思想史の流れの中においてこの書がどういう意味をもっているか、ということについて、少し考えてみたい。

禅とは、サンスクリットでディヤーナ(dhyāna)、俗語でジャーナ(jhāna)の音を、シナ人が禅(ゼン)という語で写したのである。その意味は、思うこと、念ずること、瞑想、ということである。

それは心をしずめ、統一することにほかならないから、「定」という字で訳し、両者を一まとめにして「禅定」ということもある。また「静慮」と訳すこともある。心をしずめ統一するという修行ならば、仏教のどの宗派でも行っているわけであるが、禅宗ではとくにこの修行を尊重する。

この禅の修行は、南インドの人であったボーディ・ダルマ（Bodhidharma 菩提達磨）によってシナに伝えられた。かれは南インドの香至国王の第三子であったが、のちに般若多羅に師事し、その伝統をつぎ、六十余歳で海路シナに向かい、おそらく四七〇年頃に宋の国境南越に達し、五一六年以前に魏に往ったらしい。

伝説によると、梁の武帝に召されて金陵におもむいたが、まだ自分の法をひろめる機縁が熟していないことを知り、直ちに去って崇山の少林寺に入り、壁に向かって坐禅すること九年であり、大通二年（五二八年、一説によると大同二年、五三六年）になくなったという。かれのことをふつう達磨大師とよび、シナにおける禅宗の祖師とあがめている。世間一般におこなわれている達磨の像や人形は、かれが壁に向かって坐禅し、修行を怠らなかったという伝説にもとづくものである。

ところで禅宗が古代における集権的統一国家の崩壊過程のうちに現われたということは、禅宗の性格を決定するための一つの重要な要素となっている。東洋においても、西洋においても、古代の集権的統一国家の崩壊のためには、ユーラシア大陸中央部の匈奴（Huns）の動きが重要な機縁となっている。シナの古代国家がつねに匈奴に悩まされていたことはいうまでもない。

インドでは五世紀中葉に西北方から匈奴（サンスクリットでHūna）が侵入して来て、四五五年にはインドの統一国家グプタ王朝を攻撃している。四八〇年以後はさしも栄華をほこったグプタ王朝もしだいに衰え、五〇〇年頃には匈奴王トーラマーナ（Toramāna）がインドで即位し、あと約半世紀ほどは、インドで部分的に匈奴の支配がつづいている。

その後インドではハルシャ王（七世紀前半）がかなり広範囲にわたってインドを統一したが、しかし彼の歿後インドはまったく四分五裂の状態に陥り、インドの最初の回教王クトゥブッディーン・アイバク（Kutbuddīn Aibak）が一二〇六年に北部インドを統一するまでは、政治的には混乱状態がつづいている。

西洋ではほぼ同時代に同じく匈奴の酋長アッチラが四四一年にドナウ河を渡り、四五二年にイタリアに侵入している。つづいてヴァンダル人の侵寇があり、四七六年には西ローマ帝国が滅亡している。

シナでは後漢の統一国家が二二一年に滅び、しばらく三国鼎立がつづくが、その後、晋及び東晋の王朝が四二〇年までつづき、それから南北朝対立、外敵侵入の時代がくる。

ユーラシア大陸におけるかかる変遷を考慮すると、ボーディ・ダルマの宗教生活は、インドの古代統一国家の崩壊過程に形成せられ、そうしてシナにきてからも、その宗教が政治的な混乱状態を通じて徐々にひろまった、ということは重要である。

梁の武帝とかれとの有名な対話は事実であるかどうかわからないが、かれが梁の王朝から何らの保護を受けなかったということは、確かな事実である。そうして古代統一国家の崩壊過程の中から現われ出たという点では、キリスト教の伝播と平行的な発展過程が認められる。

大きな統一国家が崩壊したあとの、政治的な混乱期に成立した宗教はどんな特徴をもつであろうか。

一 まず王朝からの財政的援助とか、荘園の寄進とかは期待することができない。統一国家の成立していた時代の仏教は、インドでもシナでも王朝あるいは富商の援助を受け、それが一つの性格を与えたが、混乱期に新たに興った宗教はかかる安定した社会的基盤をもっていない。

そこでこのような新しい宗教はおのずから遍歴者・放浪者的性格が顕著である。禅宗は第一祖達磨、第二祖慧可、第三祖僧璨の時代（—六〇四年）までは、特定の寺院というものをもたなかった。禅僧は律院などの寺院に寄寓し、定住せざる遍歴者として、托鉢乞食によって生活を立てていた。

二　このような遍歴者・放浪者としての生活は、精神的貴族として自ら高く身を持することは不可能である。心の中では高いほこりをもっていても、おのずから民衆と接触し、民衆によってのみ生き、民衆との相互交渉が活潑となる。シナの仏教諸派の中でも、禅宗がとくに民衆的であるという性格がしだいに醸成されてゆくことになった。

三　仏教はもともとインドから発したもので、シナ民族にとっては外来宗教である。外来宗教が民衆的になることは、他面ではますます民族的となることである。禅宗はしだいにシナ民族に同化していった。禅宗は諸宗派のうちでももっともシナ化した仏教であるが、それがしだいにますます民族的思惟と密着するにいたる。だから後代になると仏教諸宗派はシナから消え失せてしまうが、禅宗のみはひとり民族の宗教として一般化して今日にまでつづき、社会の各層にひろまっている。

四　王室あるいは富商からの政治的経済的援助のない場合、宗教者は煩瑣神学を成立させることが不可能である。だから浄影寺の慧遠や三論宗の嘉祥大師が煩瑣きわまる大著述を著しているその同じ時代に、禅宗の人々はろくに著述らしいものを残していない。ただ詩とか寸言のようなものを残しているだけである。そこには過去の教学体系からの断絶、離脱がある。これを禅宗のほうでは「不立文字」という。特定の神学体系（ドグマ）を立てないという意味である。

後代になると、およそ諸宗派のうちで禅宗ほど典籍の多い宗派はない。それなのに「不立文字」というのは矛盾ではないか、と思われるかもしれないが、特定のドグマにとらわれることがないから、文字はいくらでも出て来るのである。泉のように。

五　ドグマにとらわれないで、真理を把捉する立場は、おのずから直観を重んじ、瞑想に専念することになる。そこで坐禅の意義が強調される。禅人のことばで説明すると、真理は文字による教えの外に伝えられている（教外別伝）のであって、われわれは直接にわれわれの本性である心に徹見して、さとりを開かねばならぬ（直指人心、見性成仏）。

禅は仏教の修行をこの方向に徹底して行ったが、志を同じくする人々が増えるにつれて、かれらは人里はなれたところで共住するようになった。放浪者・遍歴者的生活から集団的定住生活への転換は、第四祖道信（五八〇—六五一）の頃にすでに起こっている。

ところで人里離れた山間で共同生活を行う場合には、村里に托鉢乞食に出かけることができないから、禅僧は自給自足の生活を行わなければならなかった。かれらは自ら田を耕し、樹を伐り、家を建てるという仕事に従事した。ここでは僧侶が生産に従事し、勤労を尊重することとなった。(これは従前のインドやシナの仏教教団には見られなかったことである。)このような活動を禅林では作務とよんでいる。

こういう新しい共同生活を営むことになると、教団の新しい生活規定が必要となる。その生活規定を清規とよぶが、それは百丈懐海(七二〇—八一四)がはじめて組織したと伝えられている。ここで教団としての禅宗が確立したのである。

こういう過程は、国家権力にたよらないで普遍的な宗教教団が発展する場合に必然的にたどらねばならぬものであるらしい。西洋でキリスト教がひろまる場合にも、初期の聖者は隠者として曠野の中でひとり修行していたが、禅宗の共同生活開始とちょうどほぼ同じ時代に、西洋でも修道院の共同生活が始まった。イタリアの聖ベネディクトゥス(約四八〇—五四三)は幾多の修道院を創設した。五二九年頃に修道士の戒律を制定し、その後の西洋の修道院制度に深い影響を及ぼしているが、その戒律の中にはやはり勤労と生産に関する問題が含まれている。この点で百丈の清規に対応すると言い得るであろう。

世界諸国の古代国家は奴隷制として類型化され、それが崩壊した後には社会的に農奴制に転移し、封建制が成立した、と多くの学者によって説明されている。そこでは生産力の上昇とともに、農民はいくらか良い自由と生活を享受するようになった。その転換期はシナでは唐末から五代にかけての戦乱、日本では平安末期から鎌倉時代にかけてであるといわれている。西洋における転換もほぼ同時代である。インドについてはまだ充分研究ができていないが、ラージプット族の封建制や武士道は西洋や日本におけるそれとほぼ同時代に成立している。一一、二世紀にかけての回教徒のインド侵入は、古代国家における被圧迫民衆の解放運動としての性格をもち、従前のインドとその後のインドとでは社会史的に非常な変化を示している。

こうして民衆の生活が向上し、少しでも自由を多く得るようになると、文化が民衆的になる。この変化は文化の種々な面に現われているが、思想の面についていうと、宗教家は従前の古代国家の古典語をすてて民衆のことばを用いて書くようになった。西洋では一一世紀頃からゲルマン民族の諸語で文字を書きしるすことが盛んになったが、哲学者としては例えばエックハルト（一二六〇―一三二七）、タウラー（一三六一歿）、ロイスブルーク（約一二九三―一三八一）などが現われ、ゲルマンのことばで神秘的体験を語った。日本では和語を以て仏教を説くということは、ほぼ同時代の鎌倉時代の仏教家からとくに顕著である。源空の一枚起請文は一二一二年に書かれ、道元は一二二七年に曹洞宗を日本に伝え、とくに和語で多くの著作を残している。

インドでは言語の数が多いから、雅語としてのサンスクリット以外に俗語で書を著すということは古くから行われていたが、回教徒侵入以後に近代インド語で著作がなされ、民衆のための宗教家であったヴィソーバー・ケーチャル（一三世紀末）、ラーマーナンダ（約一二九九―一四一一）、カビール（一四世紀）などにおいては、意識的に古典語をすてて近代インド語のみを用いている。こういう点でかれらは、なお部分的にラテン語を用いた西洋の神秘家や部分的に漢文を用いた日本の鎌倉仏教者より徹底している。

ちょうどこれに対応する変化がシナでも同じ時代に起こった。宋代の儒書の文体は従前と異なった点もあるといわれているが、禅宗にも大きな変化が起きた。碧巖録は仏果克勤（一一三五歿）により、無門関は無門慧開（一二六〇歿）により、従容録は万松行秀（一二四七歿）により、まとめられたが、これは他の諸国に新しい宗教運動を起こした前掲の人々とほぼ同時代である。

そうしてこれらの書は直ちに日本に伝えられたが、それはおそらくシナ社会の新しい発展の中から現われ出た思想が日本の新しい社会においても受容され易かったのであろう。（もし発展段階が非常に異なっていたならば、この新しいかたちの仏教が急速に受容されたはずはない。）

ところで禅宗では師資相承（師から弟子へのうけつぎ）を重んずるにもかかわらず、新しく展開した禅の内容は古代国家（乃至その崩壊過程）において著された禅書の内容と非常に異なっている。

まず第一に、古い禅の語録は古典的な漢文で書かれていて、その文体は他の仏教諸派の典籍のそれと大して異ならないのみならず、いわゆる一般の漢文とも大して異なっていない。だから漢文を教え込まれて来たいまの日本人にはかえってこの方が解り易い。

ところが宋代のこれらの語録になると宋代の俗語の語法が頻繁に現われていて、その特有の語法は現代のシナ語と共通であったりする。必ずしも北京官話に通ずるものではなくても、広いシナのどこかの方言と共通であることもある。

つまり現代の言語に連なるものがあるという点で、ドイツ神秘家、インドの改革的宗教家、鎌倉仏教の祖師などと共通の特徴が認められる。

これを他の面から見ると、宋代の禅僧は民衆的という禅の特徴をその方向においてますます徹底させたのである。そこで禅の語法と他の宗派の保守的な語法との間の距りがますます大きくなった。民衆と共にある者と民衆から離れている者との相違である。だから、後代のシナ人は仏教の他の諸宗派を捨て去ったけれども、禅宗をすてなかったのは当然である。

そうして仏教の他の諸宗派並びに初期の禅宗はなおインド以来の仏教の術語を多く保存していたが、宋代以後の禅書にはかかる術語が目立って少なくなっている。一つには唐末から五代の乱にかけて、経論が多く焼失、紛失したために、この時代の禅僧は昔の経論をじっくりと研究する余裕がなく、また書物もなかったということにも由来するであろう。

第二に初期の禅書の立言は非常に合理的で時には体系的でさえあり、叙述の論理的脈絡がはっきりしている。ところが宋代の禅書のそれは、この無門関についてもわかるように、禅問答だの公案などであって、ちょっと見たところでは何を言っているのか、はっきりしない。

こういう変化はインドでも現われた。インド仏教の末期に現われたサハジヤ仏教では、謎のような表現をもって教えを説いたが、それは一方では教徒の秘密をまもるためであり、他方では具象的な想像をはたらかせて抽象作用に陥らぬようにさせようとしたのであるという。サハジヤ（Sahajiya）とはサンスクリットのサハジャ（Sahaja）で、人間に生来存する仏性をいうのであるが、こういう観念は禅宗にも伝えられている。

ただインドではこのような表現法もまもなく亡びてしまったのに、シナではますますひろがった。その理由は何かということが問題となるが、おそらくこのような表現がシナ人の伝統的思惟に適していたのであろう。

シナ人の思惟の顕著な特徴の一つは、具体的な個別的事例を尊重するということである。だからシナ人は形而上学的思弁には拙劣であったが、しかし個性記述的な学問、例えば歴史や地誌に関してはすぐれた記録を残している。この点ではインド人と正反対である。故にインド的な仏教乃至インド的な禅では、シナ人は何となく窮屈で、落ちつきが悪く感じていたであろうが、無門関のような説きかたになると、まったく気安く、おちつきのよいものとなったのである。

第三に、右と連関することであるが、表現がきわめて芸術的・情緒的・具象的となっている。インドの哲学詩乃至それの漢訳は、その内容が論理的にはっきりしているし、禅宗でも古い禅書（例えば六祖壇経）の詩句の内容は非常に論理的である。ところがこの時代に成立した禅書の中に出て来るうた（頌）は論理性よりもむしろ芸術的・情緒的・具象的性格の表現をめざしている。これは漢字の芸術性を生かしたものといってよいであろう。

さて、この無門関には四十八の公案が集められている。公案とはもとは「公府の案牘」（政府の発行したかきつけ）の意であるというが、それが禅宗にとり入れられて、禅の修行者がつねに考えていて解決しなければならない問題をいうのである。黙照禅（何も考えないで修する坐禅）の立場に立つ曹洞宗では公案を用いないが、看話禅の立場をとる臨済宗では公案にくみついて修行する（ここで「話」は公案に同じ）。

公案は古来一千七百則あるといわれている。この場合、師家（教えを受ける先生）に参ずると、しばしばこの無門関の最初の公案（趙州と犬）、すなわち「無」の問題を授けられる。そこで修行者もそれをつねに心に留めて坐禅し、了解体得し得たところを師家に提示する。それでよし、とゆるしを与えられることもあれば、まだだめだ、といって斥けられることもある。斥けられると、この無字の公案に何年もとりくまねばならぬ。ゆるしが得られると、また別の公案にとりくむ。

周知の事実であるが、この無門関においては同一の行為あるいは表現が、同一の師家によってあるいは承認・賞讃せられ、あるいは否認・排斥されている。これは確かに矛盾である。

しかしわれわれの日常生活においても、同一の行為がその場面の如何によって意味を異にすることがある。例えば懇親会において笑うのは良いが、葬式のとき笑うのは不謹慎である。だから同様の行為あるいは表現に関しても、その成立する場面を考えて、師家はもっとも適切と思う判断を下したにちがいない。ただその場面がいまのわれわれには了解しがたいものとなっているだけなのである。

これらの公案は形式論理を飛躍している点が多いから、解答も形式論理では律し得られない。日本では後代に諸公案にたいする解答集がひそかにつくられ、修行者はそれを丸暗記したこともあるが、それを見破られると、ゆるしが得られない。

けっきょく各人の了解体得のいかんは師家の認定にまかせられ、師家自身にも形式論理にかなった一定の基準があるわけではない。そこで考えられることは、こういう非論理的なしかたは、現代では意味がないのではないか。師家に形式論理にかなった一定の規準がなければ、認定はけっきょく出まかせになり、でたらめになる恐れがある。

しかし公案の意義は新たに考え直すことができるであろう。これらにおいては特定の師家と弟子とが特定の場合に交渉をもっている。それは他のいかなる人、いかなる場合によっても代えられないものである。しからば、まったく個別的な場合に即して普遍者が説かれていると考え得るのではなかろうか。

そうして個別性に徹することによって、教示がより具体的・経験的になったと考えられている。そうしてまた説示のしかたが多分に芸術的である。

普遍的な理法を個別的な事例で説明するというしかたは、いまの哲学でもなお問題となっている。例えばイギリスの哲学者ウィトゲンシタインの遺稿が発行されたが、かれは普遍的な理法を説くのに物語をもって代えるという。

無門関の歴史的意義をざっと明らかにすると右のごとくである。民衆の俗語で書かれたこの書は、また民衆の書として訳されねばならない。そのためには古典的漢文のみならず近代のシナ語や方言、また仏教思想に関する知識が必要なのであるが、この魚返氏の翻訳はまさに翻訳のあるべき一つの理想的なすがたを示すものと言えるであろう。こういうしかたの翻訳を通してのみ禅書は生命を発揮するのである。

本書は、二〇一三年五月に学生社より刊行された『現代訳　無門関　禅問答四十八章』を文庫化したものです。文庫化にあたり、タイトルを一部改題いたしました。

本文中には、「オシ」「啞子」「毛唐」「シナ」「片輪者」「不具」「酋長」といった、今日の人権意識や歴史認識に照らして不適切と思われる語句や表現があります。訳者・解説者が故人であること、また扱っている題材の歴史的状況およびその状況における著者の記述を正しく理解するためにも、底本のままとしました。

現代語訳(げんだいごやく)
無門関(むもんかん)
禅問答四十八章(ぜんもんどうよんじゅうはちしょう)

魚返善雄(おがえりよしお)＝訳

令和5年 8月25日　初版発行

発行者●山下直久

発行●株式会社KADOKAWA
〒102-8177　東京都千代田区富士見2-13-3
電話　0570-002-301（ナビダイヤル）

角川文庫 23786

印刷所●株式会社暁印刷
製本所●本間製本株式会社

表紙画●和田三造

●お問い合わせ
https://www.kadokawa.co.jp/（「お問い合わせ」へお進みください）
※内容によっては、お答えできない場合があります。
※サポートは日本国内のみとさせていただきます。
※Japanese text only

Printed in Japan
ISBN 978-4-04-400787-4　C0115

角川文庫発刊に際して

角川源義

第二次世界大戦の敗北は、軍事力の敗北であった以上に、私たちの若い文化力の敗退であった。私たちの文化が戦争に対して如何に無力であり、単なるあだ花に過ぎなかったかを、私たちは身を以て体験し痛感した。西洋近代文化の摂取にとって、明治以後八十年の歳月は決して短かすぎたとは言えない。にもかかわらず、近代文化の伝統を確立し、自由な批判と柔軟な良識に富む文化層として自らを形成することに私たちは失敗して来た。そしてこれは、各層への文化の普及滲透を任務とする出版人の責任でもあった。

一九四五年以来、私たちは再び振出しに戻り、第一歩から踏み出すことを余儀なくされた。これは大きな不幸ではあるが、反面、これまでの混沌・未熟・歪曲の中にあった我が国の文化に秩序と確たる基礎を齎らすためには絶好の機会でもある。角川書店は、このような祖国の文化的危機にあたり、微力をも顧みず再建の礎石たるべき抱負と決意とをもって出発したが、ここに創立以来の念願を果すべく角川文庫を発刊する。これまで刊行されたあらゆる全集叢書文庫類の長所と短所とを検討し、古今東西の不朽の典籍を、良心的編集のもとに、廉価に、そして書架にふさわしい美本として、多くのひとびとに提供しようとする。しかし私たちは徒らに百科全書的な知識のジレッタントを作ることを目的とせず、あくまで祖国の文化に秩序と再建への道を示し、この文庫を角川書店の栄ある事業として、今後永久に継続発展せしめ、学芸と教養との殿堂として大成せんことを期したい。多くの読書子の愛情ある忠言と支持とによって、この希望と抱負とを完遂せしめられんことを願う。

一九四九年五月三日